湯澤剛・著　莊雅琇・譯

從天而降的四十億債務

ある日突然40億円の借金を背負う――それでも人生はなんとかなる。

一直想落跑最後卻乾杯重生的奇蹟故事

臉譜書房 FS0075

從天而降的四十億債務：

一直想落跑最後卻乾杯重生的奇蹟故事

あろ日突然40億円の借金を背負う——それでも人生はなんとかなる。

作　　者　湯澤剛
譯　　者　莊雅琇
責任編輯　陳怡君
行銷企劃　陳彩玉、朱紹瑄
封面設計　走路花工作室

編輯總監　劉麗真
總 經 理　陳逸瑛
發 行 人　凃玉雲
出　　版　臉譜出版
城邦文化事業股份有限公司
臺北市中山區民生東路二段141號5樓
電話：886-2-25007696　傳真：886-2-25001952
發　　行　英屬蓋曼群島商家庭傳媒股份有限公司城邦分公司
臺北市中山區民生東路二段141號11樓
客服專線：02-25007718；25007719
24小時傳真專線：02-25001990；25001991
服務時間：週一至週五上午09:30-12:00；下午13:30-17:00
劃撥帳號：19863813　戶名：書虫股份有限公司
讀者服務信箱：service@readingclub.com.tw
城邦網址：http://www.cite.com.tw
香港發行所　城邦（香港）出版集團有限公司
香港灣仔駱克道193號東超商業中心1樓
電話：852-25086231或25086217　傳真：852-25789337
電子信箱：hkcite@biznetvigator.com
新馬發行所　城邦（新、馬）出版集團
Cite（M）Sdn. Bhd.（458372U）
41, Jalan Radin Anum, Bandar Baru Sri Petaling,
57000 Kuala Lumpur, MalaysFia.
電話：603-90578822　傳真：603-90576622
電子信箱：cite@cite.com.my
一版一刷　2017年9月

城邦讀書花園
www.cite.com.tw

ISBN 978-986-235-620-3
售價　NT$ 280

國家圖書館出版品預行編目資料

從天而降的四十億債務：一直想落跑最後卻乾杯重生的奇蹟故事／湯澤剛著；莊雅琇譯．一版．臺北市：臉譜，城邦文化出版；家庭傳媒城邦分公司發行, 2017.09
面；　公分．--（臉譜書房；FS0075）
譯自：ある日突然40億円の借金を背負う——それでも人生はなんとかなる。

ISBN 978-986-235-620-3（平裝）

1.成功法　2.生活指導

177.2　　106014244

【國內推薦】

這是一本有魔力的書，從翻開那一刻開始，就讓人停不下來的一直往下看到最後。

一個擁有人人稱羨的家庭與工作的「湯佐和」居酒屋餐飲集團第二代，某日因為父親倒下而背負起四十億日圓的天價債務，從天堂掉到谷底的滋味，沒有人比他更能深刻體會。試圖從谷底翻身，卻在好不容易情況好轉時，又一再遭受各種意料之外的打擊，花了十六年時間才好不容易將債務清償地獄暫時告一段落，也成功整頓公司，讓員工發自內心以身為「湯佐和」的一員為榮。

這本書告訴我們，重新振作起來也好，最後的掙扎也罷，只要不放棄，終會等到曙光劃破黑夜降臨的那一刻的！

——【哈日劇】粉絲團版主　Kaoru

傳統老店能生存下來，其中一定有極迷人的原因。

和作者同樣是接手家中事業的我，運氣好，家裡的店沒有負債，也拜現今資訊發達、傳遞方式更便捷所賜，目前經營得還算順利。

但在接手經營的同時，我也希望能給予老店新的生命，閱讀本書使我獲益良多，再次體悟老店的新生命源自於永續經營的概念，並需要整體的策略規畫搭配不斷地努力，才能維持成果。

——寅樂屋 Torarakuya-Taipei 負責人　高振御

這不是一本令人愉快並充滿希望的商業書籍，內容不會提供最新的經商觀念跟策略，讓你看完後躍躍欲試那夢想中的美好成功未來。

反之，這是一本超寫實的書。

是一本完整的企業起死回生紀錄，所有經營事業該遇到的問題，湯澤先生都以倍數擴大的方式遭遇了，然後不可思議地跟四十億負債對抗並逆轉勝，令同樣有創業經驗的我感到無比的敬佩。讀完本書的最後一頁，我立刻上網查詢了湯澤先生的照片，果然是一位滿臉故事的企業家。

社會是現實的，數字也是現實的。我創立的餐飲公司在經營上也遇過不少問題。第一次經營壽司店就獲利回本，讓我低估了制度建立與組織設定的重要性。因此在經營轉型後的米販食堂，重重的跌了一跤。當時餐廳業績與知名度雖然蒸蒸日上，但組織內部問題卻日益嚴重，擴大到後來影響整體收益。當營運發生問題的時候，才能清楚看見自己在經營上的缺失，並進一步去檢討改進。原來，公司正是經營者的一面鏡子。

本書非常適合創業上或是人生正遇到困難而需要力量的人。湯澤先生完整的記錄了遇到問題時候的處理方式。務必先控制情緒，深度了解自己的能力與籌碼，冷靜分析現況，然後計畫如何解決問題。無論是自己想的方案或是身邊人所給予的建議，都應確認是否與自己的品牌定位符合，並清楚設定客層與理解執行的原因，才不至於盲從他人成功方法而導致失敗。老闆也不要總是身先士卒，要讓大家了解現況，反覆的溝通理念，給員工成長的機會，再好的策略仍需靠組織執行才能勝出。

而人生順遂的人，也請看看這本書，收起批評的心態，去善待身邊的人，因為或許他正在面臨你所不知的人生難題，而你永遠不知道下一個是不是你。同理心讓我們了解自己，體諒身邊的人，了解客戶需求。畢竟生意最後就是價值對等交換，出發點對了才能創造雙贏，成為共生共存社會的一份子。

——米販咖啡創辦人　朱維正

前言

本書是原本在大企業過著充實美好的上班族生活、卻因為父親驟逝而在三十六歲突然繼承瀕臨破產的家業與四十億日圓債務的倒楣鬼，一路走來多災多難的十六年紀實。

內文將一一細述，這名深受厄運女神眷顧的男人，為何沒有上吊自殺？為什麼還能說出「幸好有繼承家業」這類話？

書裡的倒楣鬼當然是我。

長年來對老家不聞不問的上班族長男，有一天突然得繼承家業；離家在外的孩子對父母欠下鉅額債務完全不知情。這些情形在社會上很常見吧？

不過，自己明明不是連帶保證人，卻得繼承公司、扛下四十億日圓的債務，這就有點稀奇了吧？這並不是旗下員工眾多的大企業欠下的區區四十億，而是經營地區密集型居酒屋的中小企業的債務。

辦完父親的喪禮後，我第一次來到總公司辦公室，也才發現「湯佐和」這家公司長期陷入資金短缺的窘境。這也是最棘手的問題。

金庫早已空空如也，員工還不斷對我說：「七天之內如果不拿出一千兩百萬日圓就慘了。」我只好向任職的公司請假十天，和員工討論如何度過難關。曾幾何時，他們開始稱我為「社長」。但是再怎麼疲於奔命，每天仍然有層出不窮的傻眼問題考驗著我。

那段日子恍如一場惡夢。地鐵跳軌未遂事件、公司營運出現轉機偏偏遇到狂牛症爆發、因為食物中毒事件而上了新聞、店鋪失火燒得精光、親信的員工驟逝、資深員工離職……什麼事情都讓我遇上了。

十六年來，我的人生猶如在爛泥堆裡打滾，但也像是一再被人扔進河裡，只得拚命掙扎求生。時光荏苒，我已在二〇一五年五月幾乎還清了身上背的債務。不過，當年三十六歲的我，也已經五十二歲了。

我會在本書詳述自己如何仰賴員工的力量讓公司起死回生，但是和社會上眾多領導優秀企業的經營者相比，實在沒有資格高談闊論企業經營之道。如果當初沒有繼承這間明天破產也不足為奇、可是年營業額還有二十億日圓的中小企業，我也不可能償清天文數字般的四十億鉅債。

若是處在不同的條件下，不管是負債四億、四千萬或四百萬，日子便有可能如地獄般苦不堪言。因此，我想在此和各位分享自己的例子，若是在工作或人生中遭遇生不如死的困境，或許能以此為借鏡，再想辦法突破難關。

我還是上班族時，任職於人人稱羨的外商企業，過著精神層面與經濟生活俱足的日子。每一天都與家人和樂融融、安安穩穩地生活著。

然而，有一天卻得扛下一間岌岌可危的公司，永遠失去了「理想中的美好生活」。但也因此獲得了待在大企業裡無從體驗到的寶貴經歷，並且懂得心存感恩。

這段期間裡，我從腳踏實地打拚換來了成就感、與工作夥伴共同成長中嘗到了幸福滋味、並為自己能替地方社會及經濟略盡心力感到欣喜，同時，我也由衷感謝這段人生與陪伴在旁的家人。而這一切，確實需要漫長歲月才能走到這一步。

直到去年，我才不再怨懟這段人生，自己也不好說些冠冕堂皇的話。但是有些話語已成了自己的信念。

「黑夜終究會迎來光明。」

「Never never never give up.」

這幾句話拯救了我。

不論您是中小企業經營者、有志創業或者老家經商的人士、認為自己的人生適逢低谷、甚至是煩惱將來出路及工作方式的學生，但願諸位都能看看我這令人匪夷所思的人生經歷。

我也曾一心認為，人生不如意事十之八九。

但是，黑夜終究會迎來光明，放棄還言之過早。

感謝諸位閱讀本書，若有人從我的坎坷人生中獲得啟發，將是我莫大榮幸。

湯澤　剛

目錄

第2章　谷底中的谷底——現實殘酷得無力逃出

第3章 「只用五年」一決勝負——讓餐飲店起死回生

本書均以匿名處理尚在人世者及實際存在的企業名稱，但書中仍有不少負面描述。我無意藉此向特定人士及企業發洩自己的批判或怨懟，純粹希望讀者可以了解當時的情況。本書內容是以個人觀點寫成，然而從對方及第三者的角度來看，或許會有「事情不是那樣」的看法。儘管書中有不少負面批評，但實際人物及企業絕不是罪大惡極或問題百出，盼諸位讀者理解這一點。

序章

充滿恥辱與混亂的日子
——令人自慚形穢的前同事

一九九九年一月到八月
債款餘額：四十億日圓

早已無立足之地

一九九九年夏天，我前往麒麟啤酒（KIRIN）東京原宿總公司處理事情。當時離職並沒有完成工作交接，如今重來舊地也是相隔好幾個月之後的事。

我帶著些微緊張的心情走進大樓，發現自己必須在櫃臺換證件才能進入大樓內部。這下終於清楚體認到，我已是局外人了。畢竟在這裡工作了十二年，如今意識到這一點，仍是令人感到惆悵。

翻看離職後依然沿用的記事本，這幾天的日曆上還寫了「洽商@上海」及「香港出差」等預定行程。

照理說，我這時候應該在上海及香港之間奔波。

直至離職前夕，負責醫藥事業部門海外業務的我，在這家公司過著多采多姿的上班族生活。不但如願派駐紐約，也與公司同事結婚，人生至此一帆風順。將來有了小孩，一定要讓他跟自己一樣看看不同的世界——幾個月前我還這麼想過。

如今卻是如何?由於父親驟逝，我莫名其妙扛下他欠下來的鉅額債務與岌岌可危的家業，在毫無未來可言的現實中痛苦掙扎。

我一面翻看記事本，彷彿事不關己地想著：「才短短幾個月，人的命運就有這麼大的變化啊……。」

事情處理完之後，昔日同事與同期夥伴邀我去表參道喝酒，暢談彼此的近況。但是對於自己所處的情況，我僅輕描淡寫帶過，沒有說得太詳細。

「你現在是社長了吧？有沒有司機或秘書？」

聽到大家這麼問，我更不想一一交代自己嘗過的辛酸。

另一方面，聽他們談起前公司的事情又讓我難過。

不久之前還需要我帶的兩位後輩，志得意滿地告訴我，他們很快就和我過去接洽的台灣及韓國客戶經理建立起好交情。幾個月前，客戶經理還說「不能沒有湯澤」，商場就是如此現實吧。我深刻體會到「去者日以疏」這句話的含意。

除此之外，前同事甚至在聊到一半時，脫口「啊」地噤聲不語。因為他發現有些事情不能透露給公司以外的人。我們聊的並不是什麼重要機密，頂多是我之前擬定的企畫案內容，但從中我便發覺自己已被歸類為外人了。

會不會有一天出現奇蹟，讓我重返公司呢——？

我本來還懷著夢想跟他們喝酒，可是從那一天、那一刻起，我不得不認清事實，自己在前公司已無立足之地，只能回到神奈川縣鎌倉市那間即將倒閉的「湯佐和」公司。

前同事暢聊工作的模樣讓我自慚形穢，深深覺得自己悲哀透頂。

與大型金融集團交手

與前同事喝酒途中，我的思緒煩亂如麻。

其中一項煩惱自然是高得離譜的四十億債款。

父親生前經營的連鎖居酒屋品牌「湯佐和」，欠了主要往來的地方信用金庫約二十八億、並欠了大型金融集團約十二億的債款。

我當時只是三十六歲的上班族，四十億日圓的計息負債，對我而言簡直是天文數字。金融機構也告訴我，「需要八十年才能全部還清」。

一個月需還款的金額，連本帶利總計三千一百六十三萬日圓。

本金二千一百五十萬，利息一千零一十三萬——換句話說，我每天必須連本帶利償還一百零五萬日圓。我多事地把單位換算成每小時須還款金額，那就是四萬四千日圓。照這種情況來看，多睡幾個小時都覺得可怕。

這個夏天，我每天忙著向金融機構及客戶、債主道歉，一一解釋事情原委。我為自己未能如客戶要求付款、造成大家困擾而深感抱歉。因此，我願意向他們表示歉意。但是大型金融集團冷血無情的態度，實在令我忍無可忍。

父親生前替自己保了高達三億日圓的人壽保險，目的是將來身故後可當成週轉金使用。公司員工說，父親每個月的保費金額相當可觀，儘管資金週轉有困難，他依然堅持不解約，咬牙繼續繳納這筆保費。

然而，當父親過世，公司真的面臨資金週轉困難時，那筆保險金一毛錢也無法動用。因為向大型金融集團質押的關係，保險金全部得用來償還銀行的貸款。一般來說，企業經營者若是投保企業保險，當公司在經營者身故而群龍無首時，即便設定質押，也會留一半保險金給公司當週轉金以維持營運。大型金融集團卻說保險金必須全數用來償還，未免太無血無淚。

相形之下，主要往來的在地信用金庫顯得較有人情味。他們不時對我說：「我們會支援你。」也會安撫我們的客戶，打包票說：「請各位放心，湯佐和絕對不會倒。」

當然，一方面也是因為我們公司跟他們借了二十八億，如果公司倒了，他們也會遭受鉅額損失。撇開這一點不談，信用金庫職員的溫暖言行與誠摯態度，仍是讓我感激不已。

我決定接下湯佐和後，信用金庫立即更改了償還條件。不僅主動替我延長還款期限，也將本金的償還金額調降到每個月三百萬日圓。「擁有主要債權的信用金庫都能幫你到這個地步，次要債權的金融集團一定也會鼎力相助。你快點去跟他們交涉吧。」

由於公司當時實在週轉不靈，對方肯幫忙已是謝天謝地。信用金庫的建議，讓我立刻滿懷期待前往金融集團。

不過，他們十分無情。分行經理竟然對著登門造訪的我說：

「太好了，你願意回家扛下公司，我們也放心多了。所以信用金庫才會幫你吧。……既然如此，希望你把調降的部分金額償還給本行。」

我不禁懷疑自己的耳朵：「這個人在說什麼鬼話？」

從此以後，我與住家附近那間大型金融集團展開多次嚴苛談判。也曾經不顧熟人在那工作，就在銀行大廳裡不計形象地大喊：「分行經理，請你出來！」

能讓生性沉穩的我如此發飆，主要是父親心肌梗塞倒下的那一天，上午就是與這位分行經理面談。父親遺留下來的記事本上寫著：「分行經理來公司。」恐怕是對方在雙方面談時，當場下了銀行的最後通牒吧。

父親並不是自殺身亡，而是抱著與公司共存亡的心態拚到最後一刻。過去受到父親關照的信用金庫高層對我說：

「請把令尊當作戰死在商場上的戰士。」

商場如戰場，父親因此壯烈捐軀。但是，當我跟分行經理提到父親在記事本留下的行程紀錄，他面不改色地扔了一句：「關我什麼事？」

談判到最後，大型金融集團也將本金的償還金額調降到每個月一百萬日圓，不過，事情並沒有就此落幕。談判進行到最終階段時，坐在會客桌另一頭的分行副理說：

「湯澤先生，你能不能雙手伏在桌上，再跟分行經理低頭說一次『拜託您了』？」

我忍不住心想，這是連續劇看太多嗎？但是，現實就是如此。

由於電視劇《半澤直樹》大熱，池井戶潤這部以銀行為背景的小說頓時成為話題。書裡描寫自私自利且目中無人的反派銀行職員，做出了令人難以置信的行徑，我不禁想，這種情節或許一點也不誇張。

我知道因此將大型金融集團一概而論有失公允，也明白不是所有服務於金融集團的人都如此冷漠自大。我實際遇過的三、四位歷屆分行經理中還是有人十分體諒我的處境。

關於這一點，我必須鄭重聲明。即便如此，當時最令我頭痛的就是與銀行交手。順帶一提，我後來得知，職涯發展最順遂的就是那位對我最苛刻的分行經理。

公司內部分崩離析

另一個煩惱是如何凝聚公司的向心力。

事實上，「向心力」與「經營管理」，是公司存在已久的問題了。由於我是趕鴨子上架才當了社長，就算有員工品行不佳或瀆職，我也沒辦法嚴詞斥責他們。我早已筋疲力盡。

當我一籌莫展之時，又發生了一件深深打擊我脆弱心靈的事。

「湯佐和」是一家擁有居酒屋等三十三間店面的餐飲集團，當時的主要業務集中在神奈川縣鎌倉市境內。有一天，某間店的兼職員工寫了一封信給我。

那是一封內部檢舉信，同時附上收據，證明店裡有一群員工在金錢上有不法情事。信中並寫道：「請您為了認真工作的兼職員工及工讀人員著想，妥善處理這件事。」

我立刻著手調查，情況與她說的差不多，確實有一群員工在背地裡搞鬼。

我到店裡請員工解釋清楚，但是他們矢口否認，「我們絕對沒有做！」連我拿出鐵證如山的收據，他們還想百般抵賴。

怒火中燒的我決定不姑息，但仍然網開一面，為他們留了一條後路。

「你們的行為的確觸了法，如果你們肯認錯道歉，我也不會把事情鬧大。」

可惡的是，他們非但沒有道歉，反而厚顏無恥地說：

「是喔？你要懷疑我們，那也沒辦法。我們現在馬上辭職，你要叫警察來也無所謂，隨便你。」

「什麼!?竟敢跟我嗆聲！」

——我很想這麼說，但說不出口。

他們要是辭職走人，店就開不成了。不開店就沒有收入，還不出幾天後的債款。

千頭萬緒一起湧上腦海，我硬生生吞下了衝到嘴邊的怒吼，窩囊地擠出了一句話：

「我不該隨便指責你們……。但以後請不要再做一些可疑的行為。」

結果竟然是我跟他們道歉，僅僅口頭上含糊警告了事。但我也只能忍著滿腔不甘與怒火，拿他們一點也沒辦法。

最令人懊惱的是讓鼓起勇氣舉報的兼職員工失望透頂，她們後來也待不下去而離職。是我自己太沒出息，實在對她們深感抱歉。

即使我想和員工同心協力重振公司，但是面對如此赤裸展現人性的組織，過去在麒麟啤酒所累積的經驗、以及在商學院習得的理論完全無用武之地。

我所受的奇恥大辱還不止一、兩次。

「社長！我到現在還是不諒解你之前對我的指控，請你現在來店裡跟我道歉！」

有天晚上，一位員工不滿我之前對他的小警告，突然把我叫去，我只好急忙前往店裡向他道歉：「是我不對。」因為他辭職就完了。不管要求再怎麼無理，我也不能讓一個員工走掉。

可是……

「為什麼我要受這種罪？這些人到底有沒有良心？為什麼我要被這群自私的傢伙耍得團團

另一種則是恐懼的淚水，害怕自己即將面對的未來。

當我還年輕，不時在腦海中提心吊膽地預想繼承家業的問題。父親過世的那一瞬間，我也被排山倒海而來的恐懼所吞沒，心想這一刻終於來臨。

深夜，我在橫濱榮警察局的太平間見到了父親。

等我抵達時，父親的身體早已冰冷。他看起來像是睡著了，但不管我怎麼搖晃他的身體，父親的雙眼始終不曾張開。

我向家人問起當天的事發經過，得知父親是在和幾位協力廠商喝酒途中突然倒下，從此再也沒有醒來。死因是急性心肌梗塞，享壽六十九歲。

父親有糖尿病史，可是我們才在那一年的新年正月一起見面吃飯，完全沒料到他會說走就走。

事後回想起來，父親感覺上確實比以前憔悴。他平時不會發牢騷，遇到任何事情總是一派輕鬆地對大家說：「沒事啦、沒事啦。」父親是拚命三郎，這幾年來依然嘴硬，但是看得出來他滿辛苦的。

我對父親公司的內部情況一無所知，不過，從他無精打采的神情看來，公司的發展應該沒有想像中順利。儘管隱隱約約感覺得到，可是我害怕揭開真相的後果，只好佯裝不知情。

「要是爸爸的情況不太好，該怎麼辦？如果他死了——？」

一旦問出心中的疑慮，我就得被迫面對現實。

如今回憶當時情景，我很清楚自己應該做什麼。不管要不要繼承家業，我都要先了解現況。

必須及早發現問題。這在麒麟啤酒是理所當然的危機處理方式，但是我沒有對老家這麼做。面對父親，我只是袖手旁觀。

母親也不會對我說起公司的事，想必是父親阻止的吧。「不要對阿剛說。」父親或許不忍心把我扯進來，但我也猜想，父親有他身為人父的強烈自尊，「不想讓兒子看到自己事業不順的模樣。」

總而言之，接到妻子來電通知的那一瞬間，我就得面對人生中最為恐懼的命運。

只跟公司請假兩個星期

一月二十四日與二十五日，分別舉辦了父親的守靈儀式及喪禮。

喪禮採用公司主辦的「社葬」，但是我一點也不了解公司裡的員工。我就在完全一無所知的情況下，以長子的身分答禮，用火化儀式送走了父親。

喪禮結束後，有兩家金融機構的人員前來弔唁。

一位是大型金融集團的分行經理代理人；另一位是在地信用金庫的高層。

他們兩位都問同樣的話。

「那麼，接下來你要怎麼處理公司？」

我還能怎麼處理？腦袋還一團混亂，根本無法做任何決定。再說，我也不打算辭掉麒麟啤酒的工作。

於是，我回答：「我目前在別的公司上班，必須早一點回到工作崗位上……。」大型金融集團隨即提醒我：

「如果你不打算繼承公司，令堂就得接下社長一職，這樣好嗎？」

母親當時已年過六十，對經營管理一竅不通。說什麼也不可能扛下獨裁社長驟逝後所留下來的擔子。

但是我也不能隨便給予承諾，僅回答：「很抱歉，我現在沒辦法想那麼多。」當場便請他們先回去。

接著出現在我面前的是一位五十多歲的員工，F女士。父親公司的行政業務幾乎都由她一手包辦。這位女士一臉不知所措、連珠砲似地問我一連串問題。

「我們明天之後到底該怎麼辦？」

「誰來開支票？公司印章要交給誰保管？」

我跟她一點也不熟。她說之前有參加我的婚禮或在哪見過面，說實在的，我完全沒印象。

「現在找不到人蓋支票的章。你能幫忙蓋嗎？」

一問之下，才知道「湯佐和」的行政人員只有F女士一人，其餘全是兼職。再加上大小事情全由父親一個人處理，根本沒有職務代理人。公司內部簡直「亂得一塌糊塗」。

儘管覺得事情變得愈來愈麻煩，但是我也不能眼睜睜看著長年來跟著父親打拚的員工驚慌失措的模樣。我只好打電話給麒麟啤酒的上司，請假兩個星期整頓這場混亂局面。

你現在是「社長」了

第一次造訪父親的公司，看起來與麒麟啤酒位在原宿的辦公室截然不同，是一間昏昏暗暗、瀰漫臭酸味的辦公室。「真煩哪……。」但我根本沒有閒工夫埋怨。

我坐在父親的椅子上，代管他的印章。我也沒仔細確認支票，木然地照著F女士所說的蓋印章。

這種工作持續了一、兩天後，公司方面陸續拿來了需要負責人才能決定的案件，同時也有許多人及一堆電話指明要找我。

「房東打電話來了。」

「這個人說要馬上見你。」

雖然已事先聲明：「我只負責蓋章。」可是我現在坐在社長的位子上，根本無法置身度外。

F女士如今依然是我們公司的重要員工，只不過當時的公司採用獨裁式經營，大小事情全由我父親一手掌管，她也只能忠實完成社長交辦的事項。因此，每次遇到新的問題，就會如熱鍋上的螞蟻，不知道該何去何從。

「好吧，電話我來接。」

「先見面再說吧。」

當我和父親旗下店鋪幾位素未謀面的店長通電話，自我介紹說：「我是他兒子，目前只是暫時坐在他的位子上而已。」他們全都把我當成各種案件的「窗口」，感覺愈來愈難以脫離這無底深淵。

「社長，這件事要怎麼處理？」

過了一個星期左右，我驚訝地發現，那些員工竟然改口稱我為「社長」。

曾幾何時，周遭的人也都把我當成「湯佐和」的繼任社長。

我無法苟同，更想大聲反駁。但事實上，看到第一天的混亂情景，我心裡隱隱約約有了想法：

「照這種情況來看，或許只能由我扛下來了。如果沒人接手，公司就會倒閉。不但員工會走投無路，也會造成金融機構莫大的困擾。我身為長子，只能接下這間公司了。」

四十億天文數字的衝擊

我在麒麟啤酒有一份人人稱羨的工作，也擁有心目中的美滿家庭生活。為了實現這份夢想，付出了多少努力……。這些念頭不斷在我腦海中盤旋，於此同時，一想到公司倒閉後對所有人造成的困擾、母親一籌莫展的神情、還來不及道謝便溘然長逝的父親臉龐，我說什麼也無法袖手旁觀。

當我覺悟到「似乎應該要接下這間公司」之後，首次翻閱了「湯佐和」的財務報表來看。

一看到內容，終於知道什麼是「嚇到腿軟」。

全身力氣像被抽乾似的，癱軟在椅子上無法起身。

債務總額4,000,000,000日圓。

具體來說是欠了當地主要往來的信用金庫二十八億日圓，並欠了大型金融集團十二億日圓。當時湯佐和的年營業額為二十億日圓，債務總額是它的兩倍。

我希望自己看錯了。來來回回數了好幾次，一心祈求上面的數字是錯誤的。但不管確認了幾次，金額千真萬確是四十億。我只能用老掉牙的語句形容此刻的心情：「腦袋一片空白」。

「有沒有搞錯，這不是真的吧……？這下子要怎麼辦……。」

「就經營管理而言，負債達到月營業額三個月以上就會陷入危機。」這個基本常識我懂。所以我有心理準備，湯佐和的債款應該有五億日圓左右。

眼前這數字的位數是不是弄錯了？竟然是四十億。

這筆「鉅款」，遠遠超出了一介上班族的想像範圍。我想，這輩子永遠忘不了財務報表上的數字所帶來的衝擊。

我急忙找母親問個清楚，但是她也不了解來龍去脈。母親雖然知道公司「欠了一屁股債」，可是沒有過問實際金額到底有多少。

如果收掉幾間店鋪、不計得失出清所有物產，大約可以賣十五億日圓。拿來清算抵債的話，還剩二十五億日圓債款。若是以目前的經常利潤加上折舊費、每年還款金額五千萬日圓來計算，真的就像銀行所說的，必須耗費「八十年」才有可能償清四十億的債款，到時候我已經一百一十五歲。即使解決二十五億以上的債款，也得花五十年，我那時候也八十五歲了。

更何況，以上是基於維持目前利潤水準所做的假設，事實上，營業額與利潤在過去幾年均有下滑的趨勢。換句話說，我如果想要償清所有債務，正常情況下得花一百年以上。

湯佐和當然會倒閉，而我的人生也勢必毀了。

有沒有逃避的選項？

我第一次看到財務報表時，發現自己並不是連帶保證人。如今提起這件事，總有不少人問我：「為什麼你當初不把公司解散清算呢？」

我也想過這個問題。不過，如今的人經歷了泡沫經濟瓦解，不斷聽聞各類公司倒閉的消息，每個人也都經歷過「消失的二十年」，才會有收掉公司這種想法。

然而，我那時候並不流行說倒閉就倒閉。讓債務人重振事業與經濟生活的「民事再生法」，也是二〇〇〇年才開始實施。因此，當時的社會是除非自己破產，否則無法重新整頓事業。

換作是現在，我已擁有足夠的智慧與法律知識，也經歷過殘酷的考驗，絕對可以無所畏懼、當機立斷整頓公司，再跟金融機構建議：「這樣可以嗎？請勉為其難接受吧。」將事情處理得乾乾淨淨後，便回到麒麟啤酒繼續工作。

可是，當時我一心認為：「這下子只能由我來還所有的債了，我也只能扛下來。」更慘的是，我當初沒有人可以商量。

站在債權人的立場，他們當然希望有個窗口或找個責任歸屬，所以不停追問我：「你會接下公司吧？」

就算我一再說：「我不知道、我不清楚。」對方也會批評我：「你都超過三十五歲了，怎麼還說『不知道』？真丟臉。」

我至今仍在思考，為什麼當初感覺像是被拖下水？那時候，我到底該怎麼做才好？怎樣才能全身而退、不必繼承這筆債務？

然而，在擔任臨時社長的兩個星期裡，我領悟到自己如果撒手不管，公司只會變得更糟糕。

我也明白，自己拔腿就跑的話，會造成往來客戶莫大的困擾。湯佐和一個月的現金往來就高達一億數千萬日圓，若是交易全部停擺，小規模的供貨商也免不了相繼倒閉。我一點也不樂見這種情況發生。

再說，我對父親抱著感激與自卑交雜的複雜情緒。

由於之前在知名企業從事跨國商務，我不免有些自負。但是，我今天能有亮眼的經歷，全多虧了父母的庇蔭。我知道很少有父母願意大力支持孩子。

我反抗著嚴厲的父親，可是心底始終對他懷著既感激又自卑的情感。因此，當家人有難，實在無法置身度外，說「與我無關」或者「我是靠自己打拚的」。

過去父子倆曾有過一次對話，至今想起仍讓我後悔不已。

父親過世前幾年，總是問我同樣的問題：

「你現在薪水多少？在做什麼工作？」

父親恐怕是在暗示我：「希望你回來接班。」

我那時候常到國外出差，有各種津貼可領，薪水自然優渥。再加上在職場上意氣風發，於是我得意忘形地告訴父親：「還不錯啦，就這麼多。」真是愚蠢。

我永遠忘不了，父親聽到回答後，瞬間露出了落寞的神情。父親當時的事業或許已陷入僵局，雖然希望我回去幫忙，可是他給不起如此優渥的薪水。從此以後，父親再也不問我相同的問題了。

如果父親當時保住了性命呢？

如果是這樣，我的行為舉止會更加成熟冷靜。或許心裡仍然畏懼父親，但是會費盡脣舌說服他。

「這樣下去不是辦法，現在正是時候。求求您，自行宣告破產吧。對外的談判或道歉全都由我來做，您不必對別人低聲下氣。您過去為了員工及家人努力打拚，一個人辛辛苦苦了大半輩子，現在請好好安享天年，剩下的我會處理。但是，請您一定要自行宣告破產……。」

然而，事與願違，父親已撒手人寰，公司情況一塌糊塗，我也在不知不覺間陷入難以擺脫的窘境。

感覺就像原本可以避免一場災禍，卻在來不及反應之下遭到猛烈漩渦吞噬。也像是明明將方向盤死命往右轉，車子卻偏偏直往左前進一樣令人匪夷所思。

離職

我決定向麒麟啤酒遞交辭呈。

「最後還是得辭職啊。現在辭職的話，想必會帶給公司莫大困擾，我現在負責的企畫案恐怕也會大受影響吧……。」

當我下定決心離開公司，便與上司敲定時間會面，請他准許我辭職。上司聽了我的遭遇後深表遺憾，立刻對我說：「辛苦你了啊。不用擔心我們，放心處理家中的事情吧。」

上司了解我的情況後，送我離開之前還說了句：「加油。」我很感激他的善意，可是，他這麼爽快答應我離職，讓我心裡有些失落。

我對接任者的交接事宜提出疑慮時，上司回說：「沒關係、沒關係。不需要特別交接啦。」事實上，我之後再也沒有來過公司，就這樣離職了。先前負責的工作，已由其他員工接手，一切回歸正軌，彷彿什麼事情都沒發生過。我不禁感嘆大企業的驚人之處，同時醒悟到，這與員工個人能力優秀與否毫無關連。

我要接手的公司猶如地獄般悽慘，根本沒有閒工夫哀嘆自己在麒麟啤酒的存在價值。但是面對擺在眼前的現實，仍是倍受打擊。「原來隨時有人可以取代我。」

過去對這份工作充滿熱忱、一路打拚至今的我，究竟算什麼？說到底，自己往後的人生到底會變得如何？長這麼大，我第一次認真看待自己的人生。

與父親的距離

我在一九六二年出生於神奈川縣鎌倉市大船。

意想不到的是，我所繼承的湯佐和，前身竟然是父親於一九六〇年開在大船的中式餐廳。

從一間餐廳逐步擴大事業規模的父親，在當地人眼裡是白手起家的代表人物。我還記得，小時候走在家鄉的街上，總有人對我打招呼：「你是湯澤先生的兒子吧？」

父親在我的心目中是不易親近的人。他可是帶領一群頑固又粗野的師傅、一手打造擁有三十三間店鋪的居酒屋餐飲集團的大男人。在小孩子眼中，確實極其權威又令人畏懼。

父親在家裡光是清清嗓子，就能讓我緊張得半死。我們的親子關係說得再誇張一點，便是我有事找父親時，總是畢恭畢敬用敬語跟他說話。

我幾乎沒有被父親打過。主要是父親太可怕，根本不敢做出忤逆他的事情，能閃多遠就閃多遠。由於父子倆從來沒有聊過知心話，所以我們也吵不起來。但是這種父子關係，在日本應該不足為奇吧。

父親忙於經商，與家人相處的時間也很少，因此，一時之間所能想到的都是不太好的回憶。例如小學的時候，真的很討厭父親老是無緣無故掛斷我朋友打來的電話。

由於當時的自家兼辦公室，兩支電話號碼都是公司專用，我的朋友若是打電話來，父親就會破口大罵：「煩死了！」或許是生意上出現問題讓他脾氣有點大，朋友留話時如果講話慢吞吞的，他有時也會二話不說掛掉電話。

「拜託，不要隨便掛我朋友的電話。」儘管心裡不爽，但我實在太怕父親，不敢當面向他抗議。

相較之下，母親非常溫柔。過去將店裡打理得有條不紊的母親生性爽快，對父親也毫不客氣地有話直說。因此，夫妻倆雖然不至於感情不佳，卻經常吵個不停。

我對母親印象最深刻的，是她帶我們幾個孩子去家族旅行。由於我們的父親眼裡只有工作，幾乎沒有一家人出遊過。母親心裡不忍，於是一個人帶著四名年幼的孩子去伊豆諸島的新島等各地遊玩。

母親因為自己工作忙碌，所以希望孩子能有豐富的生活體驗。或許是她的心願鼓舞了我，後來才會去念全體住校制度的中高一貫學校（**譯註：指國中、高中六年一貫制的教育，類似我國的完全中學**），並且在高中期間出國留學一年吧。

關於母親，還有一件事情深深影響了我。

大約是一九六五年時，由於大弟在父親成立二號店那陣子出生，因此，在我念幼稚園之前，家人一直把我寄放在外婆家。母親只在每個週末來看我，星期日晚上便離開。以至於當時的恐懼感至今依然記憶猶新：「會不會再也見不到媽媽了?媽媽是不是不要我了?」

父親驟逝後，讓我接下這間欠了一屁股債的公司的最大原因，就是一心想要幫助快被金融機構逼得走投無路的母親。

改變命運的一句話——Never never give up.

我後來離開父母身邊，去念橫濱市榮區的山手學院，那是全體住校制度的中高一貫學校。當時還是小學六年級的我，實際上對住校興趣缺缺，是父母極力要求之下才勉強去念。但是念了之後，發覺學校生活很有趣。

同學大多會想家，我卻一點也不想。因為離開了令人畏懼的父親，第一次感到如釋重負。從此以後，我始終遠離家鄉，從來沒有和父母待在同一個屋簷下超過一個月。大學時期一個人住在東京都內，畢業後也一個人留在東京工作。或許打從心底「不想繼承父親的工作、不想回家鄉」的念頭，促使我一心往外發展。

父母當初選擇山手學院，除了是全體住校制度之外，似乎也因為它的辦學理念為「培養活躍於世界舞台的可靠人才」，且是一間標榜國際交流的學校。父親對待孩子的方式雖然笨拙，但是在教育上一點也不馬虎。

高中二年級時，我請父母讓我到美國華盛頓州喀斯喀特高中（Cascade High School）當一年的交換留學生。這項制度可以讓我到美國的家庭住一年，而對方與我同齡的孩子就要和我交換，來日本住我家一年。

我能去美國當然是好，可是辛苦了家人，同樣得在這一年裡接待來自美國的高中生。這項制度除了需要父母在經濟上給予援助，也必須獲得家人的理解與支持，我至今仍然感謝父母為我付出的一切。

我在山手學院除了學習英語，也學到了影響我人生最重要的一門課。那就是學院創辦人江守節子院長所說的「Never never never give up」精神。

在日本留學生還極其罕見的年代，江守院長便是以一介女性的身分，憑著絕不放棄的氣魄在美國苦學。當年跟著江守院長學習英語時，她不斷強調「這句話一定要學起來」，那就是「Never never never give up」。

我作夢也沒想過，自己的人生好幾次都因為這句話而得救。在我陷入天文數字般的還債地獄而萬念俱灰時，江守院長這句話即成了我最大的心靈支柱。

脫離父親的羽翼

一九八二年，我告別了包括留學期間在內的七年住校生涯，考進了早稻田大學法學部。之所以選擇專攻法律而不是經濟科系，純粹是為了避免父親將來開口要求：「給我繼承公司。」

但是這種想法就在我入學半年後、決定放棄拚司法考試而煙消雲散。當我看到一群學長姊在圖書館沒日沒夜讀書的身影，並得知錄取者的平均年齡將近三十歲時，不禁想：「我才不要整個二字頭的時光都耗在念書上。」

從此以後，我開始沉迷於上了大學才學的衝浪與空手道。

如今的我看起來像是經過大風大浪的強勢經營者，但我其實是喜歡待在房間裡靜靜看書的。至於學空手道，根本不符合我原本的形象。現在想想，或許是心底對於嚴厲的父親懷著自卑與崇敬交織的情感，才會希望自己變強吧。

儘管想過學生時代應該多用功念書，但是我也只繼續學習最喜愛的英語。不僅在就學期間拿到了英檢一級，也花了一年時間走訪各國。

提供資金援助的依然是父母。他們說：「與其去打工，還不如在學生時代累積各種經驗。」甚至讓我念了五年大學。我毫不客氣地仰賴父母的資助，過著愜意的生活。我不但沒有感謝父親，反倒因為不必跟他說話而樂得輕鬆。

即便後來面臨就業問題，也因為受到留學期間的體驗所影響，讓我深深以身為日本人為榮，因此想要從事將日本產品或日本文化推廣至國外的工作。

我完全無意繼承家業，對這件事能躲就躲。

我們父子倆的個性南轅北轍。父親是生性豪爽的創業家，會勇往直前追逐自己的夢想。當他接到員工打電話來報告「某某人沒來上班」或「店裡出現問題」時，就會大發雷霆罵道：「王八蛋！」

每天早上看到父親暴跳如雷的模樣，個性內向的我說什麼也不想做這種工作，也不覺得自己能勝任。

當我跟父親說，畢業後想到其他公司工作，他立刻介紹了交情頗深厚的啤酒公司與產物保險公司。他心裡應該很希望我能繼承家業，卻什麼也不說。

我依約造訪父親介紹的公司，由於當時正值泡沫經濟前的榮景，某間公司的人事負責人對我說：「平時很受到你父親的關照，如果你有意願來本公司，我們可以馬上替你安排。」我當下十分心動，但後來冷靜想想，如果連找工作都得借助父親的關係，根本無法脫離父親的羽翼。總有一天得因為他的一句話，乖乖繼承家業。

再加上父親當時不經意的一句話：「連找工作也要靠父母……」頓時讓我下定決心，要靠自己。因此，我決定去麒麟啤酒工作。

當初雖然考慮往別的領域發展，更能發揮自己擅長的英語能力，後來決定去麒麟啤酒，主要是想向父親證明：「我憑自己就能進比父親所介紹的規模更大的企業。」同時也想過，如果選了一間與湯佐和有生意往來的啤酒公司的競爭對手，父親就不會叫我回去接班了吧。

我告訴父親自己將在麒麟啤酒工作，他雖然覺得臉上無光，卻也不發火，只淡淡說了：「是哦。」接著說：「以後把我們店裡的啤酒全部換成麒麟啤酒。」我自然嚇壞了，連忙拒絕：「別這樣。」事到如今，我明白父親心裡還是很在乎這個一心想往外逃的兒子。

關於父親，我有太多的「後知後覺」。

總之，我身為長子，既然選擇逃避幫忙父親的事業，甚至找各種理由到麒麟啤酒工作，我就一定要做個成功的上班族。

任何工作都比繼承家業好

結束麒麟啤酒公司的研修後，我被分發到某個地方城市的大型分店。我會英語，又有豐富的海外經驗，原以為自己會分發到海外事業部門，但這是大學生常有的誤解。

天不從人願，我只能擔任業務，負責接洽市區內約兩百間經銷店。不過，那間分店的分店長據說是公司裡令人聞風喪膽的嚴厲上司。我本來就不擅長銷售，在那位分店長底下工作簡直被操得不成人形。

雪上加霜的是，我進公司那一年，競爭對手推出了超級熱賣的產品，橫掃整個市場。走到哪裡都聽得到「SUPER○○○」的產品名稱。

通路也面臨嚴苛的挑戰。由於過去都在業界獨占鰲頭，麒麟啤酒的銷售方式因而有「大老爺做生意」之稱，長久以來不必賣力推銷也賣得很好，導致各家通路對業務承辦人員抱怨連連。例如酒商、批發商、餐飲店等等，眾人早就積怨已久。

不少人對我們冷嘲熱諷：「麒麟的業務？這還是第一次來我們店裡欸。」、「看吧，麒麟啤酒。這就是你們耍大牌的下場。」

去拜訪經銷店時，我曾經在店裡一待好幾個小時聽對方數落上一任承辦人員；前往小酒館推銷時也曾被對方潑水。或許因為自己是業務菜鳥，不禁覺得「飽嘗辛酸」就是這麼一回事。

我不管去哪都碰壁，業績一路下滑。

可是我一點也不氣餒。因為在麒麟啤酒做不下去的話，就得回家鄉接下父親的事業。我害怕自己會如喪家之犬，萬念俱灰地想：「我也只能繼承父親的公司了。」一想到要繼承嚴父衣缽，再辛苦也得撐下去。

不必因為做不喜歡的工作而沮喪，也不要因為工作艱辛而打退堂鼓。愈是無趣的工作，愈要自己發掘樂趣，並且做出成果。這就是我在這段期間學到的基本工作態度。那時候完全沒想到，這種態度會在日後對我的人生給予不少幫助。

簡直像命中注定

舉例來說，我當時學到的一項策略是「一點突破，全面展開」。當時我負責的區域，正是競爭對手X公司的啤酒工廠所在地——當地的消費者與經銷店十分力挺在地工廠，對麒麟啤酒而言是一個很難搶食的市場。一想到要挨家挨戶拜訪跑業務就覺得鬱悶。

不過，不論當地的對手多麼強勁，只要市占率沒有達到百分之百，即表示不是所有人都是

X公司的忠實顧客，一定有人不喜歡他們家的產品。

我抱著這種想法，努力拉攏「自己人」。哪怕只有一家店也好，只要我每次上門，那間酒商都能親切對待我這個外人就好。我找出了符合條件的酒商，並且以此為據點，慢慢擴增協力的經銷店。

即便走投無路，也得想辦法找出一件事將它做好，再往橫向擴展。這種做法在日後即派上用場。

「不要受制於刻板印象，要用理性思考。」這也是我在麒麟啤酒學到的工作方式。

由於出現了競爭力強悍的產品，諸位前輩無不叫苦連天，但是我本來就對麒麟啤酒的「美好年代」一無所知。再加上我對酒類的行銷手法沒有先入為主的觀念，不會受制於既有的常識或習慣，而是以客觀且理性的角度重新檢討行銷手法。

我覺得每家公司的做法都大同小異，不過，當時在第一線的業務人員常做出許多不知所謂的行動。舉個極端的例子，有個員工分享了自己的成功經驗，「因為我主動幫忙裝卸貨物，原本很難搞的A酒商社長就跟我稱兄道弟了。」上級便下令要求所有員工「要主動幫忙裝卸貨物」諸如此類。

但是，這只不過是那位前輩個人的成功經驗，換個業務人員或客戶，這種方法未必行得通。結果只把這種方式當成業務的基本功夫傳下去，卻沒有讓業務人員充分理解「為什麼要這樣做？」的真正目的是什麼。重點不在於「幫忙裝卸貨物」，而是「打動客戶的心，建立彼此間的信賴關係」。至於達成目的的方法，隨便哪一種都行。

自從意識到這一點，我一直在思考如何將它「類化」。也就是利用歸納法，從各種現象中汲取教訓。若是不加以類化，便無法與他人共享訣竅。太過拘泥於既有的事例，只會將出色的成功經驗變成難以重現的僵化教條，導致兩種常見的情況，一種是「他做得到，你也做得到。」另一種則是「因為是他才做得到，我根本辦不到」。

因此，我將自己的成功經驗逐一彙整成一本《成為銷售達人的五十項事例》，讓每個人都能照章重現。這本手冊在公司裡大受好評，我不但獲得公司表揚，手冊也分發到全國各家分店。

除此之外，我已在這著重人情義理的草根領域累積了夠多經驗。我知道只要幫忙酒商裝卸貨物、或者多上門拜訪幾次，就有人會熱情地購買我的產品。這些成果全都悖離了市場行銷科學，毫無邏輯可言。

我的個性本來比較實事求是，偏重理性思考，如果我二十多歲時沒有經過這些磨練便成為經營者，情況會是如何呢？

或許會像一般常見的新手經營者，只會紙上談兵，最後受不了荒唐且不合理的事情，很快就會搞垮公司吧。

我在麒麟啤酒所學的一切，彷彿一場預演，讓我得以捱過即將面臨的命運衝擊。

禍福相倚

有一天，由於上司的推薦，我突然有機會派駐海外。我成為人事部人才開發室的駐外人員，終於能前往夢寐以求的紐約工作。當時是一九九二年十二月，我三十歲。

在紐約的兩年期間，是我的職場生涯中最幸福的時光。

住處位在精華地段，出門不遠就是百老匯、中央公園，打開窗戶即可俯瞰迷人的紐約街景。

那時候，我白天去美國的超市推銷啤酒，晚上便在紐約大學進修經營管理。夜晚放學後，就和紐約的白領階級同學一起逛街。

結束了為期兩年的幸福時光，回國後即分發到新成立的醫藥事業總部。我主要負責的是中國、台灣、香港、韓國等亞洲區域的海外業務，在各地之間忙碌奔波。

我的工作是海外分公司的經營管理業務。聽起來或許有點不知天高地厚，不過，這份工作可以藉著幫忙當地社長，學會看懂損益表、資產負債表以及研擬營運計畫書。我因此打下扎實的基礎，能夠研擬合乎邏輯且具有完整架構的企畫案，並在這段期間學會分析財務報表上的數字。

我的私生活也相當充實，每逢歲末年初及黃金週、暑假等長假，便與新婚妻子一起飛往義大利、夏威夷、加勒比海、邁阿密……等海外各地度假。此外，我也一如派駐在紐約時期，利用工作之餘念夜間部研究所，順利取得經營管理碩士學位。不論工作、讀書或新婚生活，我的日子過得何等充實圓滿。

如今回顧過往，依然覺得當時幸福得過頭了。

然而，俗話說「禍福相倚」，這句話千真萬確。

當初那麼喜愛海外旅遊的我，自從接下父親的公司，再也沒去過了。十六年來，一次都沒去過。就連國內也沒好好玩一次，甚至連大阪也去不了。公司根本沒辦法連休兩天。

任職於麒麟啤酒時，我已預定在不久的將來前往海外分公司工作，理想中的美好人生正要展開。而如此快活的日子突然被迫中斷，原因就是一九九九年一月二十一日發生的事。

第2章

谷底中的谷底——現實殘酷得無力逃出

一九九九年一月到二〇〇〇年四月

欠債餘額：四十億日圓→三十四億日圓

擁有三十三間店面的餐飲集團只有兩位店長

我繼承公司時，湯佐和除了主要的海鮮居酒屋之外，旗下還有牛肉蓋飯吉野家的加盟店、西式居酒屋、迴轉壽司、卡拉ＯＫ、三溫暖、麻將館等三十三間五花八門的店鋪。當時日本全國有很多這類公司。其中有不少公司對該領域未必理解經營訣竅或者懷抱熱忱，而是興之所至地擴展經營版圖；當然也有許多公司像我們一樣踢到鐵板。

話雖如此，湯佐和當初並沒有建立完善的組織架構。

最大的問題是只有兩位店長。明明有三十三間店鋪，店長卻只有兩位。

未免太奇怪了。竟然由兩位溫和老實、不像有強勢的領導能力、看起來一副打雜模樣的人兼任所有店鋪的店長。

換句話說，這些店鋪實際上是「自行營運」——等於是放任不管。

各家店鋪常駐著二至五位廚師，都是從體育報上刊登的「急徵廚師」三行求才廣告找來的；管帳及招呼客人的工作，則是交給責任感強的兼職女性員工。

至於統籌營業額二十億日圓企業的總部，僅有一位正職的行政人員，便是前面所提到的F女士。公司裡沒有業務經理與會計經理。稱得上幹部的員工，就只有F女士與那兩位店長。我對這種情況啞口無言。就算父親是何等厲害的獨裁社長，但這種體制也太糟糕了，竟然還能維持運作這麼久。

問了F女士後，才知道事情的始末。公司原有的業務經理與行政經理在父親過世前幾年一起離職，並且在附近開了同類型的居酒屋。那家店生意非常好，陸續擴增了五家分店，甚至把湯佐和一手栽培的店長及主廚全都挖過去。父親當時已年過六十五，心中的不甘難以言喻。

再加上當時的稅務顧問，幾乎只有在報稅需要蓋印章時才會碰面，危急時刻根本靠不住。我去找他商量時，他也只說：「我也不太清楚。」

回過頭來看看自己，同樣是個不可靠的領導人。沒有做過餐飲業、沒有經營管理的經驗、對自家公司一無所知——什麼都不懂、什麼也不會。

過去一心想逃離餐飲業，所以學生時代也沒打過工。當然完全不會也不懂如何招呼客人及下廚做菜。

我在麒麟啤酒工作了十二年，但是在大企業根本沒有機會動員眾多下屬。

最糟的是我對自己接手的公司毫無所知，除了債款金額龐大之外，這麼懵懵懂懂的接班人也是絕無僅有了吧。

因此，我沒有半點領導人的威嚴與威信。

完全不懂餐飲業與經營管理的門外漢突然空降成了社長，就因為我是繼承人；這一點當然不能讓大家信服。更何況，我根本沒有把親眼目睹的公司現況告訴員工。實在沒有勇氣告訴大家，這家公司隨時會倒。

公司裡沒有半個反對勢力，也沒有元老幹部跳出來質疑我的決定，說：「前任社長會這樣那樣做。」

只有從頭到尾知情的F女士信任我，除了她以外，感覺真的「孤掌難鳴」。不禁令人懷疑，這裡真的算是一間公司嗎？

壓力來自一再訂下「做不到的承諾」

雖說繼承了公司，我的首要之務卻是帶著「現金流量表」、「遠期支票」、「字據」四處道歉。

「很抱歉，請您看看我們公司所有的現金流量表，我們已經沒錢了。只能付得出積欠款項中的一百萬日圓。請您先收下這張遠期支票，我會想辦法在下個月底還清餘額。我也準備了備忘錄（字據），希望您能諒解。」

湯佐和除了金融機構的借款之外，拖欠的款項總共超過一億日圓。大抵不外乎國稅、地方稅、採購費用、水電瓦斯費、房租等欠款。看到裝滿了用斗大紅字寫著「催繳通知」的紙箱陸續寄來公司，我不禁冷汗直流，心想著必須早點付清這些款項。但F女士似乎早已司空見慣，一副若無其事的樣子。

一問之下，她說：「水電瓦斯費在快要被斷水斷電之前繳納就好。」因此，就算收到催繳通知，「別擔心，目前還不會被斷水斷電」。特別是水費，F女士相信似是而非的說法，認為「基本上不會被斷水」，導致水費就拖欠了數百萬日圓。

不過，就算不怕被斷水斷電，一再拖欠的話，就會產生高額的滯納稅款與滯納費用。而我過去都以一般上班族的思維過日子，眼前的情況實在令人難以置信。

豪氣的經營者驟逝，相關人士也愈來愈憂慮不安。父親還健在時，他們多少有些顧忌；當父親過世，他們便肆無忌憚。打來催繳的電話鈴聲始終在辦公室裡響個不停。「開什麼玩笑！」債主雖不至於如此破口大罵，但是當對方說：「到時候你真的會付錢給我吧？」而我回答：「是的。」從那一刻起，「我」自然成了與人訂下承諾的當事者，讓自己陷得更深一步。這種精神負荷實在沉重。

最痛苦的莫過於訂下做不到的承諾。但是老實跟對方說「我只能付這麼多」，也不會獲得諒解。只好先訂下做不到的承諾，到時候再低頭道歉。與對方約定之際，我就知道幾個星期後就要向他賠罪。

再怎麼難受討厭，只有道歉才能撐過去。我已經想開了，道歉就是一種工作。

最艱辛的談判——和國稅局交手

道歉過程中，最艱辛的就是與國稅局交手談判。

拖欠高額滯納稅款時，支付對象便不是在地的稅務局，而是國稅局的特別徵收部門。因此，滯納的人必須定期造訪當時位在東京都千代田區大手町的國稅局，討論支付事宜。

由於我的滯納金額超過五千萬日圓，三不五時就要從神奈川縣鎌倉市前往國稅局報到。他們不時找我過去問：「你能付多少？」所以每次都得帶著付款計畫書前去。

面對國稅局的態度若是不誠懇，財產就會遭到查封。以餐飲業為例，跟房東租借店面時的預放保證金極有可能被沒收，導致自己的信用遭受質疑。因此，與國稅局交手必須小心謹慎。

然而，談判過程十分艱辛。

遲繳稅款一年會加徵百分之十四點六的滯納稅款，光是這些，七年下來便超過七百萬日圓。我是很想快點繳清積欠的本金，但實在無能為力。

「我只能繳這麼多了，請您通融一下！」

「我們無法同意！不能再多繳一點嗎？」

但是，答應付這筆錢的話，我就付不起其他款項了。

不論我解釋了多少次、百般懇求，對方依舊不為所動。

我曾因此怒火中燒，破口大罵：「夠了！隨你們高興！」

幾天過後，國稅局真的帶了負責查封的人員，出現在鎌倉的總公司。我立刻苦苦哀求，拜託他們不要查封公司。他們每天都得面對這類經營者，因此，博取同情與討人情對他們而言根本沒用。

在這段令我快要崩潰的談判過程中，也不全然沒有絲毫樂趣。國稅局裡有許多看似經營者的人，都跟各自的承辦人員討論與我類似的債務問題。說起來或許很怪，不過，對於獨自承受痛苦的我來說，那群人就像與我同病相憐的戰友，看著他們，我也不禁大受鼓舞。

一切以銀行為優先

與金融機構交手時也須小心謹慎，特別是大型金融集團。

當不少公司因為銀行「強制回收貸款」或「信貸緊縮」而出現倒閉潮，與父親交情甚篤的當地知名建設公司，也跟我們一樣由於銀行信貸緊縮而突然倒閉。過去也曾經有群眾在那間分行前抗議示威，但那位分行經理似乎也不為所動。

後來問了負責行政工作的F女士，她說父親發起火來，才不管對方是不是金融機構的人員，照樣不留情面地翻桌大怒，唯獨對那間銀行的態度十分謹慎。

銀行當時就算不對湯佐和強制回收貸款，光是要求調高每個月的還款金額或利息，對湯佐和而言無疑是一記致命打擊。再者，從過去交手的經驗來看，銀行並不是好應付的對象。

許多人一再拖欠還款時，往往避而不接銀行打來的電話。也許是因為膽怯，或者找不到理由搪塞，這種心情我能理解。

然而，不可能永遠逃避下去。一再逃避只會讓情況雪上加霜。有困難時，最好主動聯繫對方，解釋目前的狀況。我的個性受不了等別人通知壞消息，所以每個月都自己去銀行報到說明：「請聽我解釋。」

即便如此，交手的過程自然談不上愉快。

銀行聽了我的解釋後，也僅回答：「我了解了。」接著又一再詢問：「還有其他事嗎？請現在趕快說清楚！」「沒別的事了吧!?沒錯吧!?」

即使展現了誠意，若是不摸清對方的心意或隨時掌握情況，就會遭到對方無情拒絕。這種情形不僅限於金錢上的借貸，一般商務場合或與上司之間的關係也須多加留意。

我最怕銀行拋出一個無理的難題。銀行打來的電話讓我膽戰心驚，光是聽到電話鈴聲響起，彷彿自己都能聽到心臟抽搐的聲音。

因此，我總是提醒自己，不管銀行要求什麼，都要優先處理。

就算是只用兩秒就能解決的事情，例如遞送一張文件，說聲：「麻煩您了。」我也親自處理，絕不假手於員工。

當銀行為了雞毛蒜皮的小事找我過去，當天不巧與事先約好的重要行程撞期時，我會毫不猶豫以銀行為優先。雖然說明原委後可以擇期再談，但是我絕對不會拒絕銀行的要求。

我不喜歡在不知情的情況下，由別人決定了自己的命運。要是讓對方認為「我很難搞」就糟了，與其如此，不如盡力而為。見面或許談不上三分情，但多多少少還是有一些效果吧。

對於身負鉅債的我而言，最痛苦的莫過於一切以銀行為優先。

除此之外，我與銀行談事情時，一定會將過程鉅細靡遺地筆記下來。這是為了自保，將來若是與對方起爭執，可以拿出來對照雙方「說了哪些話」。

事後閱讀筆記，發現不全然是劍拔弩張的對峙場面，其中不乏與承辦人員的閒話家常。不過，連瑣碎的對話都記錄下來，可見我對銀行多麼畏懼。

有一次，銀行要求提交一份重整計畫書，我便花了兩天時間，熬夜製作了五十頁資料。為了避免銀行強制回收貸款，說明內容必須比對方預期的更完善。我為此準備了詳盡的資訊，向銀行簡報。

「若是繼續讓我們貸款，對銀行來說反而賺錢。與其在這個時間點收回貸款，不如跟我們收取利息。就算貴行認為這是一筆呆帳，至少會賺進這些利潤。是否能請貴行站在銀行的立場，繼續貸款給我們呢？」

製作數據分析報告及營運計畫書，是我在麒麟啤酒工作時鍛鍊出來的本事。當時幾乎每天都在做這些事情。銀行的分行經理聽完簡報，不禁對我說：「第一次看到有人做到這種地步。」

為了不讓這份計畫書淪為紙上談兵，我在撰寫時自然用心規畫了合理且能實踐的計畫方案。如果達不到計畫目標，對方對我的評價就會下滑。因此，我將目標設定在自己能力所及的範圍內，腳踏實地達成計畫。這也是我在麒麟啤酒學到的教訓。再說，我們的情況根本禁不起開玩笑似的打腫臉充胖子。

害怕天氣預報的日子

由於餐飲店是現金交易，可用當天的進帳支付款項，照理說，應該很難陷入資金週轉不靈的困境。然而，已陷入負債經營的湯佐和處境卻是雪上加霜，連昨天的營業額都得拿來支付今天的款項。

週末降雨最令人困擾。

天候不佳時，來客數會明顯下降，頓時少了數百萬日圓為單位的進帳。換句話說，店裡便少了一筆錢支付星期一的款項。若是付不出來，我就只能去道歉，請對方延長付款期限。

因此，每逢週末降雨，我便傷透腦筋，這可不是開玩笑，真的急到快發瘋了。我只得全心全意祈求老天爺：「拜託，別再下雨了……。」

當電視台的天氣預報人員說：「接下來請看本週天氣預報。星期五及星期六預計會下大雨。」我便沮喪得想要關電視。

只要一下雨，我就很不開心。學生時代因為玩衝浪，天氣變糟也無所謂，倒是能津津有味地看著天氣預報。但是繼承了公司後，天氣預報在我眼裡猶如宣告世界末日來臨的節目。

當時最渴望一件事。

希望有一天，再也不必過著看天吃飯的日子。

我也很討厭堪稱日本全民運動的足球等體育賽事。

理由是大家都想要早點回家看電視觀戰，不會來店裡用餐。備受矚目的比賽若是在星期五開戰，當天的營業額就會一蹶不振。奇怪的是，日本隊的比賽常常排在星期五。

我以前非常喜歡足球，而麒麟啤酒贊助日本隊的活動已行之有年，所以我一直是忠實的足球迷。但自從經營了餐飲店，這種心情一下子煙消雲散。

這麼說對所有選手及廣大球迷很失禮，可是我為了店裡的生意，不惜祈求球隊不要晉級：

「拜託趕快輸吧！」我曾經那麼喜愛的足球賽，如今卻成了攸關人生的重大要事。

不敢遲發薪水的真正原因

屋漏偏逢連夜雨，總有更糟的情況等在後頭。

湯佐和當時早已資金匱乏，卻頻頻出現需要花錢的問題。

由於各家店鋪的設備大多老舊，平時也疏於維護，經常發生故障。招牌、空調、電腦、冰箱……這類電子產品一旦出了毛病，大多會一起壞掉，造成龐大的修理費用。

空調故障時，我曾經花了超過一百萬日圓來修理。至於電腦，則是因為員工的問題行為惹惱了我，而忍不住把眼前的電腦螢幕砸壞。

我至今仍然忘不了，公司承租了公寓的二樓當作員工宿舍，有一次發生漏水，讓我不得不賠房東一百二十萬日圓。原因是酒醉回宿舍的廚師，忘了關浴室的水龍頭就睡著了。這筆錢實在花得很心痛。

這筆錢為什麼是我得出？

我心裡不禁忿忿不平，但這種情況層出不窮。

因此，我在辦公室時最怕聽到電話鈴聲。除了資金上的問題，這次打來的會不會是店裡出了問題？吵架嗎？員工要辭職嗎？一連串的麻煩一波又一波侵襲著我。

其中也包括意外事故。一名員工說「進貨需要一輛代步車」，於是我買了車子，結果兩天後發生交通意外而全毀。慶幸的是員工安然無恙，但心裡仍然不是滋味，可不是感謝員工平安無事就算了。

即便處境艱難，就算資金週轉多麼窘迫，我也絕不會遲發員工的薪水。這是因為良心發現、突然想當個好領導人嗎？

說實在的，我一點也不關心他們的生活。

這其實是因為從當時員工與我的關係來看，要是晚一天發薪水，就會有人斷然提出辭呈。一次有數名員工辭職的話，店裡便做不了生意，造成資金週轉不靈。因此，若是沒有在發薪日當天發放薪資，公司立刻沒戲唱。不管發生任何事，我說什麼也不能讓資金週轉陷入困難。

失序的店鋪

由於一整天都忙著籌措資金，我足足花了一年時間才走訪完湯佐和所有店鋪。最遠的一家店與總公司相距數十公里，或許心理上的距離遠遠超過這段路程，我始終抽不出時間走一趟。因為有許多員工沒見過社長，一些職業操守本來就不高的店鋪因此變本加厲，陸續引發各種問題。

例如廚師在上班時間喝酒已成了家常便飯，捲走公司的營業額以及廚師之間吵架、對顧客惡言相向等等，這些令人難以置信的問題層出不窮。

我曾經在營業時間造訪某家店。

這家店有兩個樓層的店面，進去之後，發現櫃臺有一名女生兼職員工一臉無聊地倚靠在牆壁，裡頭有一桌顧客，但是廚房裡沒半個人。

「這是怎麼回事？」我滿腹疑惑地詢問櫃臺人員：「我能坐在這嗎？」「請坐這裡。」點餐後，才看到廚師一臉不耐煩地從二樓下來，把頭髮往上撥了撥，走進廚房做菜。

我的餐點送上來後，過了一會兒，又不見廚師的人影。等到有人點餐，才又從二樓走下來。

我心裡納悶著，立刻起身往二樓走去，發現四名廚師正在打麻將。四人當中，有三人不認識我，其中一人注意到是我，連忙收拾麻將桌，回到工作崗位上。看著他們的樣子，我肯定「平常一定就是這副德行」。湯佐和的店鋪早已失序，毫無職業操守可言。

當我挑了餐飲店最忙碌的時刻、星期五晚上九點造訪別家店時，才剛踏進門口，店員便婉拒我入內：「這位客人，非常抱歉！我們今天已經打烊了。」

但這家店是二十四小時營業。「太奇怪了吧，為什麼要打烊？」我開口問著，兼職人員一臉尷尬地回答：「因為廚師說『他累了』。」

我火大地闖進店裡，發現廚師不在工作區裡，反而坐在顧客旁邊的啤酒箱子上跟客人一起喝酒。我實在很想對他發飆。

可是，如我前面所提到的，這群強勢的人會僅僅因為我的一句警告而懷恨在心，要脅「辭職」走人。從前在麒麟啤酒接觸的全是講道理的商務人士，如今這些人的行徑對我來說簡直匪夷所思。

債務問題固然是我在這段期間的壓力來源，但無法糾正這群員工欠缺職業操守的問題行為，才是我最大的夢魘。

成天疑神疑鬼、出現被害妄想

這一行把離職稱作「上岸」。

「請讓我在今天上岸。」

他們為了要我低頭道歉，總是把這句台詞掛在嘴邊。我也拿他們無可奈何，一聽到這句話就背脊發涼。

還有一個更可怕的「全體上岸」。店裡的員工若是對經營者或公司不滿，就會集體串通好突然不來上班。這是一種罷工手段，看到經營者或負責人驚慌失措的模樣便拍手叫好，算是陰險的反抗方式。他們好幾次都來這一招。

某個星期五白天，我們有一間店鋪進駐的商業大樓管理員打電話來。

「你們今天公休嗎？都沒有人來上班啊。」

心裡浮現了不祥的預感。我前幾天才唸過那家店鋪的大廚，他竟然隔著吧台，在顧客面前叼著菸捏壽司。

果然不出所料，他們到了下午也沒去上班。員工自不用說，連打工人員、兼職人員也跟他們狼狽為奸。

那天正是生意最繁忙的星期五。預約的顧客相當多，若是擺爛不開店，不僅少了一筆營業額，也會造成顧客的困擾。

我只好拚命召集人手。因為星期五的關係，其他店鋪的人力也相當吃緊，但東湊西湊，連總公司的行政人員也去店裡幫忙，總算撐到店裡打烊。

最後，除了主謀和兩名廚師之外，其他人都陸陸續續回來了。他們解釋說，「沒辦法，他們命令大家絕對不可以去上班。」

「為什麼要做這種事？」

「難道我這輩子都要受這種侮辱？」

我不奢望彼此能互相理解、朝著共同目標一起打拚，但至少希望公司能稍微步上軌道，現實卻是這副德性。

令人厭煩的事情每天接踵而來，使我在不知不覺間以負面的心態對待所有人。完全失去信任人的能力。

明知這僅是一小部分人的問題行為所引起，但是變得疑神疑鬼的我，已不在乎還有許多認真工作的工作人員，也不關心是否怠慢了顧客，每天開店的目的就是為了資金週轉而已。

「我受夠了，我撐不下去了。」

我也痛恨已故的父親。

「我絕不原諒你。為什麼非得要我承受這一切？」

公司內部也有問題。由於工作時間長，沒有足夠的休息時間，再加上工作性質似乎不太適用勞基法，若是請了假，當天薪水就會被扣，員工也只能自己吞下去。因為公司對待員工的態度如此，從以前到現在願意來這裡工作的盡是作風隨性的流浪廚師。公司與員工彼此半斤八兩。

我自己也清楚這一點，但是既沒有資金，又沒有喘息的空間，當然也沒辦法改善現況。至於阻礙前進的一大因素，就是我對別人的不滿、憤怒以及被害妄想。

花冤枉錢如流水

當公司的營運方針以資金週轉為優先，一切決定就得徹底遵守「量入為出」的「精打細算」原則。

仔細核對支出帳目，接連發現了一大堆無謂的開銷。例如有線電視重複簽約的費用以及持續繳納因故無人使用的停車場費。當初是為了方便打工人員使用而承租車位，但是員工離職後，停車位卻沒退租，對方也就毫不客氣地免費停車至今。

不僅如此，還有許多從以前延續下來的莫名支出。雖然這些僅占四十億債務裡的九牛一毛，但是聚沙終究會成塔。我必須先破除他們不重視成本的陋習。

這原本就是一步一腳印、點滴累積必定會有成果的作業，對我而言，則是在種種失控情況下讓自己轉換心情的工作。

我也重新檢討了無謂的業務內容。這群員工過去在凡事親力親為的創業者手下工作，做事不問目的、只須忠實交辦的觀念早已根深柢固。「前社長以前是這樣交代的。」這句話我不知道聽了多少次。

例如營收報表，竟然全部採人工計算，再用文字處理機謄打；我立刻要求他們改用Excel試算表軟體處理。學習新的技術確實不容易，但只要明白這麼做能減輕工作上的負擔，所有行政人員也會努力學習。

所謂工作，基本上應該讓實際參與的人先了解工作的目的再來進行較好。若是一味聽從上級指示執行具體的業務內容，當下雖然省去了思考的麻煩，但久而久之，便成了只為工作而工作、徒增不少無謂的業務。

當員工過去的努力遭到一句「不用做也行」而否定，他們心裡肯定不好受，但是我們實在沒有閒工夫做無謂的事。

然而，降低人力成本的過程若是太不近人情，難免會觸怒工作人員而引起強烈反彈。在與他們磨合之際，我至少學到了這一點。由於很難在堅持改革與保留彈性之間找到平衡點，經過幾番思考的結果，我選擇以較為寬容的態度面對各家店鋪。

舉例來說，各家店鋪在水電瓦斯的花費上並不節制，我如果連這部分也要干涉，可能會打擊員工的士氣。我最害怕的反而是員工離職不幹，因此，對於員工未必會按照自己的要求而改變做法的部分，我會特別謹慎處理。

提到開銷，我幾乎不拿薪水，而是挪用過去的積蓄維持生活所需。在經費嚴重不足的情況下，那一點生活費拿不拿其實都一樣，可是我心裡一點也不想拿。既然連幾百日圓的經費都得斤斤計較，乾脆自掏腰包支付出公差的交通費，還比較沒有心理壓力。因為我的神經已經夠緊繃了。

看時代劇竟然哭了

眼前層出不窮的狀況讓我疲於奔命，每一天都在怨天尤人中度過。

「我為什麼這麼倒楣？」、「這世上沒一個正常人。」、「我的人生已經完了，做什麼都沒用！」老是想著這些事。

我恨著父親，並對妻子及母親亂發脾氣。一點小事就能惹得我粗聲粗氣，連愛子的哭聲也令我煩躁不已。自從繼承公司之後，我印象中幾乎沒有笑過，甚至覺得往後再也不可能打從心底開懷大笑了。

有一天，我結束工作返家，換衣服時不經意瞥了一眼電視，如果沒記錯，播映的應該是渡邊謙主演的時代劇《御家人斬九郎》。當時看著這齣標榜人情義理的連續劇，我竟然淚流滿面，自己也嚇了一跳。

看著突然激動大哭、情緒起伏劇烈的我，妻子數次懇求我：「去看醫生吧，我很擔心你的心理狀況。」

不用看醫生，我也知道自己有問題，妻子的擔心是對的。可是我沒辦法去看醫生。就算看了，我也清楚他會說什麼。

「想要恢復正常，就得辭掉工作。」

我也很想告訴自己這麼做。但是，聽從醫生的建議，會使我失去動力繼續經營。這樣或許會讓我輕鬆許多，可是我萬萬做不到。

當初為了繼承公司而放棄上班族生活，如果因為證實心理方面出了問題而收掉公司，我可能會因此對人生感到絕望，再也無法振作了吧。儘管身心疲憊不堪，但是更害怕去看醫生。

我那時候連看醫生的勇氣也沒有，不過，如果有人目前的情況跟我當初一樣，我強烈建議快點就醫治療。及早諮詢也能儘快恢復。萬一因此失去寶貴的性命，一切再也無法挽回。我後來深刻體會到了「活著，就有希望」這句話。

窩囊的人夫與人父

我當時讓妻子與孩子吃了不少苦。因為沒有人可以商量，我把工作上訴說不盡的抱怨全部對妻子傾吐：「今天有人對我說了很過分的話。」、「今天出了這種狀況。」

妻子從前在麒麟啤酒擔任會計，我也請她來辦公室幫忙。雖然很不希望她跟著我蹚這渾水，可是在公司內部混亂不明的情況下，我只能依靠她了。

我與妻子是在麒麟啤酒工作時結識，並且在繼承公司前四年結婚。想必她也十分期待多采多姿的駐外生活。但事情發展急轉直下，丈夫成了即將倒閉的公司負責人，自己也不得不在一團糟的辦公室裡工作，而孩子卻即將在這個節骨眼出生。

妻子沒有半句怨言，反而是我不忍心看她挺著即將臨盆的大肚子計算著四十億債款。

我對妻子的雙親同樣感到抱歉。女兒本來嫁給一個頗有前途的上班族，哪知女婿有一天突然成了背負鉅額債務的中小企業負責人。剛接下這間公司時，我還拿不定主意該在什麼時候、如何向兩位老人家解釋目前的情況。是岳父主動來找我，說了這番話：

「你不用擔心。不管將來怎麼發展，我們都會接受，放寬心吧。你只要多注意身體，做好自己份內之事。」

當這場混亂稍稍平息，我也逐漸恢復理智。妻子預料我會良心不安，對她及岳父、岳母產生罪惡感，立刻向父母報告事情的發展。我由衷感謝她。

我對妻子的感激，說再多「謝謝你」、「對不起」也訴說不完。而我卻讓她吃了不少苦，不但對她抱怨，有時還對她亂發脾氣。

我與妻子一大早就去公司，一路忙到辦公室裡的職員都下班，我們依然留下來工作到深夜。回家途中再去即將打烊的超市購買剩下來的熟食充當晚餐，顯得無比寒傖。兩人早已筋疲力盡，相對無言。日復一日過著這樣的生活。

我們還是上班族時，下班會合後會一起吃遍熱門美食餐廳，如今只能坐在自家餐桌前，默默挾著超市賣剩的熟食果腹。命運實在很會捉弄我們。

自從繼承了公司，我幾乎沒有私人時間，一再婉拒出席婚喪喜慶或同學會等聚會。一方面是抽不出時間，但最主要的是不想跟他們見面。我都自身難保了，根本沒閒工夫在那樣的場合跟別人打交道。父親過世後，我也只辦了一週年忌的法事，往後幾年沒有再舉行任何祭祀。每天盡是忙著開店賺錢，還清債務。

妻子即便有了身孕，依然在公司裡忙碌著，直到快生了才回娘家待產。我很希望早日讓她脫離這種充滿壓力的業務工作，但情況實在不容許。孩子出生後，我也無法抽身去名古屋的岳父母家探望，等到妻子一個月後回家，我才初次見到自己的孩子。就連人生最精采的一刻，都被沉重的債務壓垮。

我幾乎沒辦法參與孩子們的成長過程。

小時候由於父親忙於工作，一家人從來沒有一起出遊過，所以我非常羨慕常去家族旅行的朋友。因此，當自己有了孩子，曾想過「絕對不要讓孩子跟自己一樣，一定要盡量多帶他們出去玩」。

然而事與願違，別說旅行，連一起出門的機會也少之又少。我還是步上父親的後塵，讓孩子們感到失落。

「帶我們出去玩！」、「為什麼我們家都不出去玩？」我寧可孩子們死纏爛打地央求著，可是他們絕對不會這麼無理取鬧。大概是從小看著我待在家裡也埋首於工作的樣子吧。真的非常對不起他們。

恐懼讓自己咬牙撐下去

我最苦惱的是身邊沒有稱得上「導師」（Mentor）的人物。雖然有來自親朋好友的建議及鼓勵，當然也有同行給我各項建言，但畢竟還是有所不同。

周遭如果有熟悉如何關閉虧損企業的專家、或是與我有相同經歷的經營者，我就能在一開始做出明智的決定，不至於茫然不知所措。可是我身邊沒有這樣的導師。

話說回來，我身邊依然有相關人士給予莫大勇氣。他就是在地信用金庫的高層，也是前面提到要我把父親驟逝當作「戰死在商場」的那一位。除了這位高層以外，信用金庫的其他高層與分行經理、承辦人員，全都非常體諒我的處境，使我備受鼓舞。

有一次，我忍不住對分行經理抱怨了幾句，不是資金週轉方面的問題，而是與店鋪有關的事。我僅僅在閒談時隨口說了句：「真的很煩哪，我實在受夠了……。」總公司的高層當天立刻趕來找我。

「我想你一定經歷了許多，我們都會在背後支持你，請你盡自己的能力去做。」

真的很開心「有人站在我這邊」，他們讓我擁有安全感。

如今我一有機會就跟同樣中小企業的經營者分享自己的深刻體悟。「大型金融集團固然不錯，但除此之外，最好也要與信用金庫或信用合作社這類地區型金融機構往來。」因為地區型金融機構是由具備互助精神的同業公會所構成。利息雖然偏高，但這是為了以備不時之需的保險措施。信用金庫對當時的我而言，確實是可靠的後盾。現在已經不是單憑門面或氣派選擇往來金融機構的年代了。

家人的體諒與在地信用金庫的關懷讓我安心許多，可是眼前的情況依舊黯淡得彷彿伸手不見五指。過去在心靈勵志書籍或商務書上讀到的內容，對於當時的我完全沒有實質助益。面對殘酷又絕望的四十億日圓債務與一億日圓應付帳款，任何金玉良言在我來說僅是紙上談兵罷了。

為什麼我當時沒有不顧一切豁出去拚了呢？

答案是因為「恐懼」。

查了借款來源後，發現湯佐和也跟曾因暴力討債而引發重大社會問題的金融業者借款。由於借款金額不多，不會有什麼太大問題，可是我很膽小，腦袋裡塞滿了各種恐怖幻想：「我的家庭怎麼辦？會不會遭殃？」

會不會要我去賣器官？會不會折磨我的妻小？這些幻想讓我愈想愈恐懼。為了不讓這種事情發生，我只能挺身面對。

雖然不覺得只要努力，事情就能迎刃而解；但是我不盡力去做的話，人生真的就毀了。這份恐懼便成了激勵自己的原動力。

除此之外，接連發生了再也不想遭遇的事情，我為此感到不寒而慄，終於決定發奮圖強。

地鐵跳軌未遂事件

這是發生在繼承公司一年多後發生的事。

我每天忙著籌措資金及處理各項瑣事，心不甘情不願地過著負債經營的日子，「先處理眼前的事情，想辦法撐過每一天就好」。

有一天，我去國稅局談完付款事宜，回程途中心情鬱悶地站在大手町站的月台。回想著剛才見面的新承辦人員，感覺實在冷漠無情，與上一任完全不同。

對方要求我簽下條件嚴苛的付款計畫，等待電車的同時，我苦苦思索著往後該怎麼辦。

「原來國稅局也跟銀行一樣，都會輪流派出扮白臉和扮黑臉的承辦人員哪……。」、「但是這個條件未免太苛了。」、「根本辦不到吧。」、「……要是付不出來，怎麼辦？」

就在這個時候。

當我突然意識到，「身體會不會離進站的電車太近了？」這才發覺，我差點在不知不覺間跳進鐵軌。

我也不敢相信會發生這種事。我確實被逼到走投無路，但絕對沒有輕生的念頭。更何況那不是自己欠下的債務，為此尋死未免太划不來。

儘管我的求生意志強烈，身體卻在當下徑直朝鐵軌走去。這項行為反應，的確在阻止我活下去。

行到山窮水盡之際，人的身體會做出違背本身意志的行為。這一點我明白，就是一般所說的「失去理智」。

自殺的相關新聞報導常會出現議論紛紛的情景：「怎麼會跳軌自殺呢？」、「幹嘛這麼想不開……。」但是，我覺得自殺者本身未必想尋死。

「前一天還好好的啊。」一如旁人的證詞所言，當事者或許根本不想死。然而，我不禁心想，在極度心煩意亂之下，身體或大腦真的有可能不經思考、擅自下達指令做出匪夷所思的舉動吧。

聽起來或許荒謬，但我至今仍然不敢排在月台的最前方。

我當時驚恐地想：「原來自己已經被逼入絕境了嗎？」同時深感自己被無法掌控的恐懼擊垮，「再這樣下去，總有一天真的會往下跳。」

想想實在很可怕，內心某處竟然存在著另一個未知的、一心想死的我，不知哪一天會做出什麼事情來。我必須振作起來，不能再這樣下去。

下定決心的那一天

當時還有一件事情，讓我深感恐懼。

跳軌未遂事件過後，我有一天筋疲力竭地下班回家，還沒踏進家門就聽見嬰兒嚎啕大哭的聲音。孩子哭喊得聲嘶力竭，妻子卻不在身旁。

「這樣會吵到鄰居啊！到底在幹嘛啊！」我怒氣沖沖地尋找妻子，發現她拿著電話分機往二樓走去。

我跟在後頭，看見妻子隔著電話，向對方低頭道歉。

「很抱歉。……是，這個月底應該沒問題。是……一定。我們一定會付款。我向您保證。真的很抱歉……。」

那通電話是打來催款的。

公司裡有女性行政人員替我四兩撥千斤擋掉，但對方若是急性子的人，公司的應對不能令他滿意的話，就會打電話到我家裡來。

妻子掛掉電話後，我隨即問了詳細情形。她才說前一陣子就有好幾家公司打電話來催款，可是看到我疲憊不堪的樣子，實在不忍心再跟我說這件事。

原來妻子待在家裡除了照顧孩子，還得應付隨時打來催款的電話？不僅瞞著我接聽電話，還拚命向對方低頭道歉。

望著一臉倦容的妻子，我不禁覺得再繼續下去，自己的家庭也要瓦解了。

過去一直認為自己是受害者，僅以消極被動的態度抱怨著每天層出不窮的問題。

雖然想過「只能盡力去做」，也清楚自己一定要振作，但一直沒有痛下決心，就算心想：

「總有一天會解決吧？」卻又忍不住沮喪地想：「話雖這麼說，實際上根本辦不到吧？」始終無法拿出真正的魄力。自己的確很拚命，但處理的僅是眼前的事務，完全沒有想到將來。

然而，接連發生地鐵事件與打來家裡的電話，我似乎能預見自己與家人的人生逐漸崩解。

當內心最後一道防線也遭到恐懼侵襲，我反而出乎意料地冷靜下來。

從此下定決心，再也不要只顧眼前而一味逃避更嚴重的問題。二〇〇〇年四月，我終於往前踏出了一步。

第3章

「只用五年」一決勝負

——讓餐飲店起死回生

二〇〇〇年四月到二〇〇三年十二月

欠債餘額：三十四億日圓↓三十億日圓

把最糟糕的情況寫在紙上

儘管下定決心一定要有所行動，但一想到四十億日圓鉅債，仍是一籌莫展，遲遲無法展開行動。面對現實，還是令人畏懼。於是，我決定將最糟糕的情況具體寫出來。

讓恐懼在腦海裡無限擴張，只會使自己害怕得筋疲力竭，所以我要把所能想到「最糟糕透頂」的情況清楚寫在紙上，看看到底會有多慘。總之，便是草擬「破產計畫」。

- 一旦宣告破產，處理破產所需的費用從哪裡來？
- 如何避免往來客戶連鎖倒店？
- 自己破產後要住哪裡？靠什麼為生？
- 要在哪個時間點決定終止經營、轉為處理破產事宜？

至於決定放棄經營的時期，如果到時候不得不向地下錢莊或中小企業放貸公司、城市銀行等金融機構貸款，我便以此為底線，納入最終計畫裡。

冷靜寫出來後，發現「不就是破產而已」。

儘管這麼做很難受，也會給家人及相關人士帶來莫大困擾，但至少保住一條命，也不必連夜潛逃。

為了避免發生連鎖倒店潮，一旦採取最終計畫，公司所剩的資金可優先付給可能陷入連續倒閉危機的公司。

目前的住家是我在上班族時期建於橫濱市，宣告破產後，肯定會因為我是連帶保證人而遭到查封，我也沒有臉繼續待在當地。既然如此，要搬到有溫泉的湯河原町呢？還是離現在住家較近的二宮町……。我一面思考著搬家的問題，一面上房屋仲介公司的網站查詢房租價格。

試著草擬具體計畫後，心情竟然輕鬆許多，心想：「不過就是如此嘛。」甚至有一股衝動，希望立刻處理破產事宜。

當我茫然無措想著公司破產會變得如何時，種種不安在心底無限擴大，可怕的念頭充斥整個腦海。這些連自己也抑制不住的想像，逐漸擴增至荒誕無稽的地步。

但是，當我冷靜地寫下來，便發覺自己其實能謹慎小心地處理這件事。

與其任憑不安與恐懼擺布，不如正視造成不安與恐懼的原因，才能讓自己恢復冷靜與理智。

規定自己只拚五年

我也替自己設定了計畫到期日。

我背負的債務，是至少需要八十年才有可能償清的鉅債。想要改善無償債能力的情況，也得耗費五十年；認真思考這個問題便令人沮喪不已。一想到要花這麼久才能抵達終點，實在提不起勁往前踏出一步。

因此，我決定設下期限，在這段期間好好打拚。由於只限這段期間，不論多麼辛苦、不管遭遇任何恥辱（不管是叫我向廚師「道歉」、或者金融機構隨隨便便要我「彎腰低頭」），我都要專注處理眼前的事物。至於期限，我設定為「一千八百二十七天」。也就是五年。

365天 × 5年又2天＝1827天

多出來的兩天，是因為遇到兩次潤年的二月二十九日。當時並不訝異自己居然連這一點也設想到，只能說下定決心後反而使人意外地冷靜吧。當下做出這項決定後，心裡頓時感到如釋重負。

除了設定期限，我也附加了三項規定。

- 五年內不必在意債務不減反增。
- 五年內專注延續公司經營。
- 五年過後若是沒有起色，立即按照最終計畫清算公司。

始終不肯面對現實、一味逃避的我，總算下定決心應戰。

如今我已明白，最危險的時刻就在茫然不知所措時。愈早下定決心，愈能往前踏出一步；否則自己會在下定決心之前遭到恐懼吞噬。

一切都在增加，唯獨天數日漸減少

為了這五年計畫，我特地做了一本多達一八二七頁的「翻頁日曆」。妻子也一起幫忙製作這份手工日曆，並將它放在臥房。

我會在睡前一張一張翻著日曆，心想著：「公司今天也安然無恙。」、「今天總算撐過去了。」、「我和公司都還健在……。」藉此增強活過明天的信心。

一整天下來，我只有在鑽進被窩前翻翻日曆，感嘆著「啊，今天終於結束了。還有一千八百天」，心裡才會輕鬆一些。

即便遭受恥辱，也算是熬過了這一天。

五年計畫的天數只要減少了一天，絕對不會再增加。

債款或許會變多，情況也可能更糟糕，唯獨天數一定會愈來愈少。這一點實在值得慶幸，倒數的效果非常驚人。

至於為什麼要「設定五年期間」，我並沒有明確的理由。

主要是聽說許多人在繼承公司之後，通常會在五年內倒閉，因此心有所感，想在五年內拚拚看，或許會得出結論。

除此之外，也是因為自己無法在父親生前盡孝。但我不可能為此賠上一輩子，如果用五年的人生全心奉獻在這家公司，我倒是不後悔。

五年過後，我也才四十出頭。屆時或許無法像麒麟啤酒時期那樣意氣風發，依然能當一名稱職的商務人士吧。我認為這麼做不僅對父母有所交代，往後也能過自己的人生。

治標方案與治本方案雙管齊下

不必考慮將來，也不必去想到底能不能還這筆債，只須在這五年內專注於眼前，全心處理公司的事務。

當我轉換心念，開始翻著一張張日曆，我的煩惱逐漸產生質變。

過去整個腦袋裡盡是茫然無措的念頭：「我的人生會變成什麼樣子？」、「我真的能還清這筆債嗎？」自從下定了決心，我也慢慢冷靜下來，能夠將焦點放在眼前的實際情況。例如前面所提到的，我像打地鼠一樣，疲於奔命應付各家店鋪每天層出不窮的麻煩。

但是，這種做法的最大問題是治標不治本，我完全處在被動局勢，忙著收拾眼前的爛攤子。光是處理這些問題便耗去了大半時間，使我像隻無頭蒼蠅般疲於奔命。

我立刻明白，再這樣下去永遠無法從谷底翻身。

當務之急除了處理最迫切的問題之外，也必須找出解決方法……。於是，我決定雙管齊下，同時進行處理緊急狀況的「治標方案」，以及對症下藥、徹底解決問題的「治本方案」。

舉例來說，當現有廚師不斷鬧出大小問題，就得想辦法儘快解決，這便是所謂的治標方案。然而，若是找來的都是同一類人，這種問題永遠不會消失，同樣的情況還是會一再上演。

既然如此，招募人才時不應該只在體育報上刊登三行求才廣告，而是透過有公信力的媒體提出應徵條件，並且改善工作環境以及改變面試方式——我們需要的是建立完善的制度，這才是治本方案。

以此類推，當一家店裡出現漏水情形，如果事先訂定一套處理流程，其他店鋪遇到漏水情況時，就不會驚慌失措。

不過，兩種方案並行，十分耗費時間與心力。

這段期間猶如兵荒馬亂，實在沒有時間研擬標準流程。然而，這是擺脫谷底的必要過程，短期內再怎麼辛苦也一定要制定出來。眼前的火災當然一定要儘速處理，可是每次都勞駕消防車救災，永遠無法徹底解決發生火災的原因。

我為此想了幾個辦法。

一如先前擬定「最糟計畫」一樣，先把最壞的情況全部寫出來。

接著將脫離目前困境所需的措施一項一項列出來。「如果能訂定出涵蓋這些措施的流程，一定能減少緊急狀況。」如此一來，便能快速決定事情的優先順序，也較容易採取行動。

為了避免日後只顧治標而忽略治本，我決定將兩種方案分開處理，並在「物理空間」上就加以區隔。治標方案是在總公司辦公室處理，治本方案則是在別間會議室研究討論。

大部分人雖然了解治本方案的重要性，但實際上很少人能夠採取行動。因為整個心思全被治標方案占據，忙著「打地鼠」似地處理眼前的問題，根本無暇顧及治本方案。

我也是如此，待在辦公室裡若是接到電話，不管願不願意，都得著手處理緊急狀況。因此，我改變了做法——早上先到總公司處理完所有治標方案，接著外出巡店，晚上六點之後再前往另外借的會議室。劃分不同的辦公場所可強迫自己切換思維，這效果十分顯著。

至少要讓一間店面成功

我已做好了身為經營者的「心理準備」，面對未來可能發生的問題。

處在沒有資金、沒有人員的四面楚歌困境下，我的策略一如從前，也就是「一點突破，全面展開」。

既然諸事不順，不如鎖定一個目標，想辦法「讓它步上軌道」。這種策略便是將有限的資源集中在一處，先打造一個成功案例，再往橫向發展。

決定策略之後，便知道如何替湯佐和開處方箋。

當務之急是將資源集中在某一家店，將它打造成「最佳模範店」。換句話說，就是「能夠正常營運的店鋪」。

這麼說或許很失禮，但我對其他店鋪採放任的態度。只要不影響顧客，且有賺到錢就好。其他店鋪若是發生無可避免的緊急狀況，我自然會全力處理；平時就算有些問題，只要不是太過分，我便選擇睜一隻眼閉一隻眼。

如果能打造出一間理想中的模範店，其他店鋪一定也能因此大幅改善。

我選了橫濱市的「戶塚店」居酒屋，當成全新轉型的模範店。

純粹是因為那家店離我家最近。照理說，應該多方評估後選擇較具優勢的店面，我也應該每天在店裡待命，但實在做不到。於是，我選擇了離家最近、方便照看的一間店鋪，想去巡店時隨時能去。

話說回來，那間戶塚店，就是前面所介紹的「不遵守營業時間、廚師還坐在顧客旁邊一起喝酒的那間店」。

店鋪的改裝費用約五百萬日圓。我先暫緩其他支付款項，將僅餘的資金全部投注在整修上。話雖如此，由於資金十分有限，只能更換壁紙、更新制服、換掉廚房設備及招牌樣式而已。但僅僅如此，對我而言已是一生一次的豪賭。

新的店名叫做「開運居酒屋　七福」。

顧客不時大讚：「名字取得真好！很討喜啊！」也常問我店名的由來。不過，這點對顧客很不好意思，「開運」這兩個字，實際上是祈求被逼到山窮水盡的自己能夠開運罷了。不開運的話，公司就會倒閉。我必須借助七福神的所有神力，才會取名為「開運居酒屋　七福」。

想要徹底去除陋習、成功打造全新的模範店，當然也要招募適合的人才。因此，我們不在體育報刊登簡單的三行徵才廣告，而是利用一般的徵才雜誌招募，結果只有一個男生來應徵。

他是二十五歲的打工族，應徵時滿不在乎地說：「只要能讓我當正職員工，去哪家公司都好。」但是與他詳談之後，發覺他是滿實在的年輕人。他曾在連鎖居酒屋打工期間擔任過領班人員，所以我決定請他當店長，將模範店的未來託付給他。我也替他租了公寓，讓他搬到店鋪附近居住。

事與願違的失策

煥然一新的店鋪，在我眼裡無比耀眼。

改裝之前，這家店的廚師不但會在工作區裡吸菸，還會跟顧客一起喝酒；改裝之後，工作區的吧台上方裝了布簾，避免廚師與顧客直接互動，一律由店長負責外場接待。

菜單也大幅更新。

為了拓展客群，店裡追加了吸引女性顧客的甜點、沙拉，以及適合家庭聚餐的餐點。同時也有迎合女性胃口的時尚菜餚，例如「鮪魚酪梨千層派」或是「鎌倉繽紛蔬菜沙拉」。

店裡也招募了一批新人，培訓他們如何悉心待客。例如跪著替顧客點餐等舉措，提升接待新客群的服務品質。

二〇〇〇年六月，我帶著緊張的心情，滿懷期待七福新店開幕。我有預感，這家店會如它的店名一樣有個美好的開始。

然而，我的期望落空了，這家店前景一片黯淡。

經過了兩個月、三個月，生意依舊慘澹。明明設備、服務、餐點都有長足進步，來客數卻沒半點起色。

不僅如此，新店的營業額及利潤甚至比改裝前生意清淡的店鋪還要差，這一點實在令人難以接受。

「這次又失敗了嗎？」我不禁沮喪地想，外行人還是碰不起餐飲業啊。

問題到底出在哪裡？

我難過地苦苦思索，最後找到了幾項因素。

其中一項便是新聘店長與我之間的關係。

「員工要是離職，店就開不成了。」由於我非常沒有安全感，因此對新店長十分客氣，無法敞開心胸與他互動。

更糟的是，我並不是百分之百看好公司未來的發展，「加油啊！我也賭上自己的人生一決勝負，讓我們一起努力吧！」就算一再信心喊話，也無法打動對方。他應該對此心知肚明。

因此，感覺他也沒有決心久待，而是想著：「反正先做做看，這裡做不成的話再換工作。」這種態度即反映在店鋪營運上。

我痛定思痛，決定改變心態。從此每天花兩小時和他單獨開會討論。

「今天有哪些顧客來？」、「哪一種餐點賣得最好？」、「打工人員表現如何？」、「那麼，接下來這麼做吧。」、「既然今天採用這種做法，明天換其他方式試試看吧。」

我每天都與新店長討論，終於讓他受不了。

「請讓我辭職。我當初進公司根本沒想要擔這麼大的責任，實在太累了，我不想再做了。」

確實如他所說。起初只想找份正職工作而已，社長卻一本正經地每天拉著他開會。

我不知道他請辭了多少次，每一次都是苦苦慰留，但是有一天，他毅然決然拿著辭呈來找我。

「我真的很想辭職。我明白社長的心情，可是自己已經被逼得喘不過氣了……。您到底要怎樣才准我辭職呢？」

無計可施的我，只好以交換條件答應他離職。

「我把這間店的命運與公司的未來全都賭在你身上，如果不是因為你，我也不會重新改裝這家店。若是這家店的生意能穩定成長，你到時候再離開也不遲。在此之前，希望你再撐一下。」

話一說完，他立刻綻開笑容說：「我明白了，我會努力。我會把這家店做起來，到時候請讓我辭職！」

仔細想想，我提出的條件十分強人所難，他竟然也發下豪語一口答應。至少他已下定決心放手一搏了。心裡雖然覺得這項任務難如登天，可是他辭職的話，我更麻煩。即使杯水車薪，我也只能試一試。

跟在顧客後面，終於了解失敗原因

解決經營管理上的問題雖然有了眉目，不過，生意慘澹的原因還有一個。事實上，這才是真正的癥結所在。

我當時想破頭也找不出業績低迷的原因，不得以只好出此下策，悄悄尾隨離開店鋪的顧客，豎起耳朵聽他們談話。因為我認為，顧客剛踏出店門口所說的感想，正是發自內心的實際評論。

例如有兩位女性顧客說：「不可能再去了吧——」、「嗯，很糟糕啊！」

一群四十多歲的男性顧客說：「那家店好像不一樣了欸。」

雖然明白要多番嘗試，總覺得哪裡出錯了。我們努力了，成果卻不如預期。

他們或許只是無心之語，但是總歸來說，比起從前那家店，改裝後的店似乎讓他們不自在。其他男性顧客的反應也如出一轍。

於是，我發現自己犯了一個大錯。

我非常想讓這家店成功轉型，因此極力找出大型連鎖店等多家競爭對手與自家店鋪的差別。「這裡不行、這邊不夠、這一點需要加強！」我一一挑出店裡的缺點，並且著手改進。為了提高營業額，我想盡辦法截長補短以及拓展客群。

結果弄巧成拙，搞不清楚店鋪的目標客群在哪裡，形成了一間「每個人都待不下去的店鋪」。

由於我的年紀還不到四十歲，所以也想「以年輕為訴求」一決勝負吧。最明顯的例子就是改用時尚風的餐點。但一切努力全部落空。

想要拉攏的新客群，終究也是一時好奇才來光顧，不可能成為常客。年輕顧客及女性顧客雖然會順道來踩店，卻不會再次光臨。原本的中高年齡層常客也因此離我們遠去。

我們輸得一敗塗地。

資源有限的中小企業，不應該斤斤計較於自己的弱點或不足之處，而是要傾注全力在早已具備的優勢。弱者更需加強自己的強項及優點——這就是我領悟到的重點。

鎖定目標，下定決心，絕不動搖

我們重新將目標客群鎖定中高年齡層的男性。目標市場策略是否能奏效，重點即在於如何取捨。換句話說，必須採用經濟學的「抵換」（Trade Off）思考模式。

「抵換」表示複數選項並不會同時成立，必定是「魚與熊掌不可兼得」。在這種情形下，既想得到A，又不願放棄B，就會落得兩頭空。因此，我毅然放棄追逐女性客群、年輕客群以及親子客群，而是一如以往，將公司的目標設定為「中高年齡層男性顧客平時光顧的店家」。總之，我已立下決心，一定要勢在必得，並且為此傾注所有資源，這一次絕對不會再失敗。「湯佐和」得以重生的最大原因，就是修正了自己的定位。

換作是一般情形，應該很難輕易捨棄吧。尤其是餐飲業，往往為了拓展業績而想「一網打盡」所有客群。但是我們的情況不一樣，鼓起勇氣鎖定中高年齡層男性反而更恰當。不過，我們也沒有因此完全放棄女性顧客，同樣要求店裡提供的服務基本上可以滿足女性顧客。因此，我們採用了與眾不同的概念，「打造一間女性顧客未必喜歡、但也可以接受的店鋪」。

在此簡單說明一下餐飲業的生態。這一行可說是大亂鬥的行業。最大特徵便是業界的競爭要素非常多，很難發揮規模效益（Scale Merit）的效果，所以中小企業較容易生存。

主要的競爭要素有地理條件、價格區間、目標客群、經營型態、餐點內容等等，透過排列組合即可搭配出各種不同的定位。例如郊區型的正統西式餐廳、車站前的中式速食餐廳、針對年輕客群的創意和風居酒屋……經營模式五花八門。也因此，最重要的即是認清自家店鋪的定位，不要隨波逐流。

至於常見的例子，就像當時的七福戶塚店一樣，想為顧客提供美味的餐點及優良的服務，盡力要求面面俱到的結果，卻在各方面都失焦。

我們需要的是思考獲利結構。若是追求無微不至的服務，勢必得增加外場的服務人員。可是增加服務人員，就得重新設定人事費用。餐飲業的基本獲利結構如下所示。

「營業額－成本－人事費用－租金－水電瓦斯費－雜費＝利潤」

其中最重要的是成本與人事費用，這也是能夠由各家店鋪自行掌控的部分。人事費用一旦增加，就得調整其他部分的費用，而這些都會反映在成本上。

想要提升服務品質，成本也須跟著調整才能維持獲利結構，但是本店的生命線是商品力（例如提供平價的鮮魚拼盤）。為了彌補服務上的缺失、不惜犧牲原本的優勢，真的有助於增加顧客對我們的好感嗎？

我當然會維持一定的服務品質，但基本上不強求店鋪提供超乎水準的服務，也不以此為目標。

我深信重點在於了解顧客對我們的期望，並將它發展成自己的優勢。一切要求盡善盡美，反而會削弱了應該全力提升的特點及強項，因此失去了吸引顧客的賣點與特色。

所以要認清主要客群，營造出迎合他們喜好的店鋪。

例如「山本先生，任職於○○電力公司，五十五歲，職務為經理。總是兩、三個人一起來店裡用餐。喜歡點生魚片拼盤及涼拌豆腐、日式炸雞塊。第一杯飲料是啤酒，再來是白薯燒酒」。

設定出虛構的山本先生後，接著就要想辦法讓他用餐愉快。

認清定位攸關店鋪的命運

認清自家店鋪的定位後，接下來的任務是整合各項措施，避免與目標形象自相矛盾。這一點在經濟學上稱為策略配適（Strategic Fit）。

舉例來說，我們剔除了以女性顧客為訴求的「鮪魚酪梨千層派」與「鎌倉繽紛蔬菜沙拉」，換成中高年齡層男性喜愛的「鮪魚切塊」、「煎蛋捲」、「牛雜煮」等菜餚。

目標客單價也都調降回從前三千日圓的價位水準。

此外，我們也廢除了仿效其他店家「跪著替顧客點餐」的服務。而是以活潑迅速的點餐應對為主，盡力滿足我們的客群。

當時十分流行「包廂式居酒屋」或「餐酒館」等時尚餐飲店，是所有「團塊二世」（譯註：日語為「団塊ジュニア」。出現於日本二戰後的第二次嬰兒潮，即一九七一年至一九七四年間出生的一代）用來約會或聯誼、飲酒聚餐的場所。

原本以中高年齡層男性顧客為主的大型連鎖居酒屋，便是在那段期間鎖定這塊市場，將店鋪轉型成吸引女性顧客的時尚風格。

我也企圖以此重生，卻以失敗收場。不過，重新檢討自己的優勢並分析市場需求後，發現競爭對手中，很少有人主打「四十歲至六十歲客群、客單價較低的日常餐飲店」。

那段時期當然也有僅以便宜餐點取勝的廉價連鎖店，但那不是我們的競爭戰場。由於這塊市場還有空缺，只要加強自己的優勢，相信可以闖出一片天。因為這個年齡層屬於人數眾多的「團塊世代」（譯註：指日本二次戰後第一個嬰兒潮，即一九四七年至一九四九年間出生的一代），若是能拉攏這群顧客，生意便能蒸蒸日上。

……一副戰略專家似地洋洋灑灑寫了一大堆，在此需要特別補充一點，我們實際上也想進攻其他市場，可是沒有錢。雖然想將店鋪改裝成包廂式的時尚空間，但是沒有資金。這也是其中一大因素。

那時候也有幾位顧問建議我主打女性客群喜愛的時尚居酒屋，但我沒有採納。就結果來說，幸好我選擇相信自己。換了菜單及服務態度重新出發的七福戶塚店，成功挽回了男性顧客的心，營業額及利潤也與日俱增。尤其是利潤，甚至比前年成長了兩倍。「一點突破」策略總算奏效，接下來即是全面展開。

有了戶塚店的成功經驗，接著以三個月更新一家店鋪的步調，陸續將向之丘店、上大岡店、大口店、厚木店、武山店……等分店改頭換面。

每一家的利潤都比以往增加一點五至兩倍。

我們得以苟延殘喘至今的最大原因，便是找到了自己的定位。我記取了一生一次豪賭失敗的教訓，將重點放在自家店鋪的強項，盡情發揮自身的優勢，並且整合所有資源。

情況看似如我所寫的一帆風順，事實上，我是冒著風險在問題叢生之際改裝店鋪。期間只要出了一點差錯，極有可能全盤皆失，每天過得提心吊膽。

儘管如此，一點突破、全面展開的策略終究成功了。我終於見到一線光明。

順帶一提，當年七福戶塚店的店長，如今已成了我們公司的幹部。

幸好忍住了逃跑的念頭

當我以七福店走出一條新路時，在另一方面也面臨了重大抉擇。

經營店鋪的過程中，人事問題始終困擾著我。尤其是與負責烹調的廚師之間的關係十分緊繃。店裡的廚師來來去去，其中不乏來自三教九流、個性十分強悍的人物。由於人事問題實在太麻煩，使我考慮轉型成不仰賴專業烹調人員的經營型態，也就是「無廚經營模式」（Cook Less）。

因此，我開始評估加盟至系統化經營餐飲連鎖店的可行性。湯佐和旗下曾有吉野家的五間加盟店，因此具備加盟的相關知識。當時我還拜訪了加盟總部，也四處參觀加盟展，自己樂在其中，彷彿見到一線生機。

像這樣將店鋪轉型成不倚靠專業廚師的經營型態，對當時的我來說是一項有吸引力、看似正確的經營策略。

但實際上自己也明白，情況並沒有那麼樂觀。最大動機是心底藏著「想逃離眼前困境」的念頭。

事實上，考量到設備投資金額與目前的店面位置，還有獲益率的差別，全面轉型為加盟店實在不是可行的選項。

因此，最後我只選擇將自家經營的居酒屋部分改裝。現在回想，如果當時僅僅為了逃離眼前的困境而全力轉型成加盟店，想必公司不會撐到今天。當時曾考慮加盟的某家店，後來看到授權加盟（Franchise Chain）總部的實際情況後，也不禁打了個冷顫。

處在走投無路、茫然不知所措時，做出重大決定之前更應該反覆捫心自問抉擇的動機。最重要的便是釐清決定的動機究竟是什麼。

面對現實的嚴苛考驗，人往往只顧自己而一心逃避或在不知不覺間遭到蒙蔽做出抉擇。如果抉擇的動機是來自想逃離現況的心情，或者只想對問題睜一隻眼閉一隻眼，通常不會有好下場。

我在十六年前突然成了經營者，往後的人生即是在一連串抉擇中度過。我深刻體悟到，經營者最重要的工作便是抉擇，捨棄其他選項選擇其中之一。這一點，我時刻謹記在心。

因為是門外漢，才能大肆改革

除了認清自己的定位之外，我們也花了點心思招攬顧客。

如前面所提到的，我完全沒有做過餐飲業的工作。既然沒有經驗已是無法改變的事實，我也只能豁出去，透過麒麟啤酒時期學到的「徹底觀察顧客」，不帶任何主觀意識走訪所有店鋪。

結果發現了幾個問題。

舉例來說，我常看見顧客在店門口猶豫著「到底要不要進去」，最後還是轉身離去。踏進一間陌生的店鋪，確實令人不安。顧客在乎的重點除了價格之外，也包括店內氣氛及客群。一旦踏進店裡，也很難打退堂鼓說：「不好意思，我下次再來。」因此，無法從外面判斷店內情況時，顧客往往會敬而遠之。這麼一想，也不無道理。

於是，我把各家店鋪的布簾改小或去除。

廚師也因為少了遮蔽視線的布簾而感到不自在，不滿地問：「社長到底在想什麼？」但是我只覺得：「布簾的存在究竟有何意義？」因此請廚師照我的方式去做。

應該吸引顧客上門的布簾，如果成了「遮蔽視線的障礙」，根本毫無意義可言。

此外，我也常遇到許多三五成群的顧客在路上討論：「要去哪裡吃？」結果還是決定：「去上次那一家吧。」似乎大多數男性都會如此選擇。

餐飲店的理想目標是成為顧客願意「特地上門光顧」的店鋪，即便還未達到這般境界，至少可以努力招攬顧客，減少「令人不快的因素」，來店人數自然會慢慢增加。

一家一家店看下來，發覺自家店鋪跟其他店完全不一樣。如果要我給予明確的評論，很遺憾的，自家店鋪並不算好。

事實上，我也沒有期許員工把這家店經營成「顧客心目中的第一名」。我反而對他們說：「我們當老三、老四就好。當顧客心目中第一名、第二名的店家都客滿時，他還會想起我們的店鋪就夠了。」或許有人覺得這目標未免太低，不過，這就是湯佐和當時採用的策略。

就算無法給予顧客難以忘懷的感動、就算不是顧客心目中的第一順位，只要讓他們「願意再來光顧」就好。當我意識到這一點，即決定了公司的營運方針，也就是「盡力做好本分」。

宣傳戰

我們也廣為宣傳，店裡接受預約訂位。出乎意料的是，不少顧客不知道一般居酒屋也像高級餐廳一樣可以訂位，有些顧客則是以為一定要點套餐才能預訂。因此，我們著手宣傳，接受顧客僅預訂席位。

受到經驗法則的主觀認定所影響，餐飲店的工作人員往往認為顧客很熟悉預約的方式。由於工作人員與常客交談的機會較多，容易以為對方對自家店鋪瞭若指掌。

因此，在年終尾牙或歡送會、歡迎會時期，我便要求員工大力宣傳店裡彈性極高的預約措施。員工則是一臉訝異：「為什麼要宣傳這麼平常的事？」

不過，當我們大肆宣傳店內接受訂位後，預約量隨即大增。其中最令人喜出望外的是新顧客的預約也增加不少。

大部分顧客其實不知道我們的店鋪。我們習以為常的事，一般人實際上並不了解，所以有必要不時宣傳。

發放優惠券也是一種方式。居酒屋常會在街頭分發「免費享用啤酒一杯」的優惠券，但我覺得這種做法效率極差，因為很難確認拿優惠券的人真的會來店裡消費。更何況工作人員得在炎夏及寒冬時節站在街頭、對著絕大多數對自己不理不睬的來往行人發放，未免太辛苦了。

因此，我決定將優惠券送給來店裡消費的顧客。只要對方來過一次即致贈啤酒優惠券，希望他下次再來光顧。

此舉遭到員工反對：「與其這樣做，乾脆直接打折啊。」也有人在背地裡罵我：「頭殼壞掉啊？」但我不予理會，依然堅持實行。當時沒有店家這麼做，如今卻是稀鬆平常。

走在街上，發現某家店已經歇業、原址成了閒置空地時，常會想不起當初它是什麼店。因為店鋪已成了街景的一部分，毫無特色可言。

我也盡量避免店鋪與街景融合在一起。最嚴重的不是顧客不選擇我們，而是根本沒注意到我們的存在。我為此採取了各項實際措施，改變攬客方式，其中一項便是在店裡頻頻舉辦活動。

例如玩日期的諧音哏，將每月的二十七日命名為「鮪魚日」，在這一天推薦鮪魚料理；二十九日則是「肉之日」，推出肉類餐點；三月八日訂為「青花魚日」，主打青花魚料理（其他還有在五月四日的「綠之日」推出沙拉、八月六日的「火腿日」推出炸火腿排等等）。雖然構思雙關語令人頭疼，但如今每個月依然會舉辦兩次小活動，並在店門口宣傳攬客。

即使這些活動對於當天業績沒有實質效果，只要讓路過店門口的人覺得「這活動很有趣嘛」就夠了。辦活動的主要目的不在於提升業績，而是加深群眾對我們的印象。當初因為好玩而開始的雙關語活動，現在依然有顧客為了「鮪魚日」等活動特地來我們店裡。

我相信只要鍥而不捨地舉辦這些看似微不足道的小活動，最後一定會有成效。

不需要菜單本與配菜

至於服務方面的措施，由於店內主要的客群是中高年齡層男性，因此取消了對他們而言毫無意義的項目。

其中最大的改變即是重新檢討菜單本的存廢。

仔細觀察顧客的行為，會發現中高年齡層男性不會像女性那樣詳細翻閱菜單本。餐飲店一旦延請顧問，通常會建議製作豪華精美的菜單本。但是要求大叔翻閱動輒好幾頁的菜單本，實在是苦差事。

事實上，大多數男性會在入座後大致瀏覽一下菜單本，一口氣點完餐點。開始飲酒後，幾乎不會再翻菜單本加點，而是直接詢問點菜：「有沒有牛筋？」

站在他們的立場想一想，自己已經在上班期間看了整天的文件資料及文字，來到居酒屋翻閱菜單本當然會感到不耐煩。

因此，我們將菜單本改成一張護貝菜單，同時精簡菜色內容。種類太多不僅造成現場廚房人員的負擔，也會降低商品力。我們雖然大幅縮減了菜色種類，可是沒聽到顧客表示不滿。

縮減菜單內容之後，我們也運用「壁貼ＰＯＰ」宣傳商品。所謂的壁貼ＰＯＰ，就是貼在客席牆上的菜單。

我們一開始在各處客席牆上貼不同的商品POP，結果發現各桌點最多的就是各座位牆上所宣傳的餐點。由此可知，顧客點餐時會參考POP的內容。

後來便根據這項結果，將精選出來的菜名貼在牆上。

例如菜單本裡好吃但不起眼的商品，我們會利用壁貼POP大肆宣傳，提高點餐的機率，久而久之即培養成主力商品。此外，店內主打的生魚片拼盤雖然耗費成本，但只要在牆上推銷成本率較低且受顧客喜愛的餐點，便能以量取勝，藉此掌控整體的成本。

如此一來，不僅博得顧客喜愛，公司也能趁機推銷想賣的商品。這是把麒麟啤酒時期向零售商學到的基本「商品陳列」基礎概念，應用在居酒屋的經營。

除此之外，我也極力廢除顧客幾乎不會去吃的「蔬菜盤飾」。例如許多餐點附加的「高麗菜絲」，根據我的觀察，絕大多數顧客都沒有吃完，有的人甚至原封不動。這一點相當耗費成本。

當我提議：「乾脆拿掉吧？」員工面有難色地說：「可是這樣就沒有裝飾了。」最後改將餐點放在有紋飾的容器或吸油紙上，看起來比較不寒酸。

生魚片拼盤裡的小朵菊花和紫蘇花穗也是一樣。這已是既有的擺盤習慣，但是對顧客而言毫無意義，我們還是鼓起勇氣拿掉它。如果去除這些會使業績下滑，到時候再回復原狀也不遲。

另有一項悄然改變顧客用餐習慣的措施，便是以往一盤兩個壽司的出餐方式。我們過去是以一百二十日圓的價格供應顧客一盤兩個壽司。這已是基於成本考量所能提供的價格，但是我有個疑問：為什麼一盤一定要有兩個壽司？

一盤只有一個壽司的話，不僅可以多嘗點不一樣的菜色，也能增加點餐的數量。因此，我們試著精選食材、推出一個要價一百日圓的壽司。價格實際上漲了不少，可是顧客不但沒有抱怨，點餐量也一如預期增加許多。

我在餐飲界僅是一介門外漢，最大的武器便是仔細觀察顧客，不會只顧自己或店鋪的利益，而是站在客觀立場面對現實。我在這個階段即是以「顧客代言人」的身分，帶領旗下員工往前衝。

以「縮小均衡方案」確保利益

隨著公司業績蒸蒸日上，我們得以用賺來的錢支付改裝費用，不必再向銀行借貸了。自從下定決心後，已過了三年歲月。

於此同時，為了逐步減少債款，我在財務方面以利潤為優先，並且採用「縮小均衡方案」，而不是擴大均衡策略（編按：藉擴大規模讓事業保持均衡成長）。而這種做法與父親南轅北轍。

我父親是典型的創業經營者，遇到困境時，總是想以擴大均衡策略解決問題。由於自己以勢如破竹的氣勢一手創建公司，就算營運狀況變差，也只有一個想法：「繼續開更多店就能撐過去。」主要是擺脫不了過往的成功經驗，再加上採用擴大均衡策略可保住自己的面子，使得父親不惜負債累累也要硬著頭皮猛衝。

然而，在事業經營不順、體制逐漸崩毀的情況下堅持擴張店鋪，當然不會有多大成效。只會使缺口擴大，公司營運猶如爛攤子。光憑值得信賴的幾位員工，根本無法讓店鋪正常運作。

對此有切身之痛的我，因此徹底執行縮小均衡方案。

當時雖然沒有一家店鋪虧損到無利可圖的地步，但是為了讓每家店鋪獲取最大利潤，我毅然決然縮小經營規模，關掉一些有賺錢、可是經營效率差利潤又少的店鋪（我也一口氣收掉卡拉OK、三溫暖、麻將館等類型的店鋪）。

居酒屋與速食店不同，顧客滯留時間較長，因此服務人員的水準會大幅影響顧客的滿意度及營業額高低。我十分明白「人財」（將人才視為寶貴的資產）是經營的核心，適合的人才，可創造出更多利潤。

與其讓水準稍微低於平均標準的工作人員管理三家店鋪，不如從他們之中挑選優秀人才組成團隊，彼此合作無間管理一家店鋪，光憑這一家店鋪所產生的利潤自然能贏過三家店的總和。這也是我想要的效果。

不理會外界雜音

我也在這段期間賣掉三棟自家公司名下的大樓。當初本來就是因為購買土地與大樓才欠了這麼多債，所以我把它全部賣掉。

帳面價值十一億的物產，以一億三千萬的價格賣出。帳面價值九億的，賣出八千萬。帳面價值四億五千萬，賣出五千萬。簡直是跳樓大拍賣，母親也感嘆虧大了，但是我一心只想減少債款。這一點是創業者辦不到的。對於自己辛苦買下來的財產，說什麼也無法像賤賣香蕉一樣廉價出清。可是我沒有閒工夫為此感傷。

出售自家公司的物產，也有助於償還債務。十一億日圓的物產以一億日圓出售，便產生十億日圓的銷售虧損。日後隨著利潤成長，這筆虧損居然能以結轉損益的形式用於償債。

我也把公司擁有的優質物產出租，藉此確保現金收入。

利潤是由人產生的，不論處在何種地理條件，利潤會因人而呈倍數成長。既然如此，最保險的做法便是將公司本身地理條件佳且獲利穩定的優質物產出租，讓有能力的人才在該處開設更賺錢的店鋪，藉此獲取更可觀的利潤。

本公司位於大船站前的大樓就是最佳案例。當時開設在大樓裡的居酒屋是公司內部數一數二的賺錢店面，我卻將它收掉，改租給想要進駐的小鋼珠店。

我的做法頓時惹來不少非議。

「那個第二代真沒用。竟然因為自己不想做，就把父親辛苦的成果收掉，立刻租給小鋼珠店。」

「那個第二代是不是腦袋有問題啊？」

當我從別人口中聽到父親的一些舊識如此謾罵，實在很不甘心。不知情的外人只會自以為是。

就連公司內部員工也不理解我的想法。

然而，結果是好的。我繼承公司之前的一九九八年十月期決算所得，三十三家店鋪的營業額是二十二億，營業利潤僅僅七千三百萬。經常利潤呈虧損狀態。

至於最近一次的二〇一四年十月期決算，十四家店鋪的營業額是十五億，經常利潤為一億六千萬。縮小公司規模，利潤反而增加。

我的做法在別人眼裡是個「無情無義」的「笨蛋」，因為我不是創業者，對每一家店鋪並沒有特殊情感。

這麼寫或許冷血無情，但是對創業者來說，公司就像自己一手拉拔長大的孩子，難免因為太過執著而當局者迷。只要站在客觀的角度思考，答案即呼之欲出，但最後做出的決定卻是「不能讓創始店倒閉」、「不可以動那名員工」。

我則是基於「該怎麼做才能徹底解決資金週轉的問題？」一切按照邏輯推論的結果去做。

所以能從客觀的角度就事論事。不過，採用這種猶如撤退戰的縮小均衡方案也必須付出代價。

尤其是收了大筆保證金的房東，始終不讓我們退店。

每次向他申請退店，總是滿臉不悅地說：「令尊當初向我保證絕對不會退店的。」或是一再挽留：「你只是不懂得經營，再加把勁就能賺到錢啊。」當我堅持退店，他便冷嘲熱諷地說：「真是沒用的第二代。」、「年紀輕輕這麼不長進。」

我堅持退店對個人房東來說確實損失不小，但是保證金等同我們的生命線。我也遇過好說歹說就是不讓我退店的房東，也因為保證金拿不回來而對簿公堂。即便如此，我依然持續撤退。

開新店鋪的確勇敢又體面，選擇撤退戰則擺脫不了寒傖可憐的印象。

創業者往往在擴大版圖過程中得到成就感，但是沒有考慮到撤退的選項，對後繼者而言便是一大考驗。這項任務雖然吃力不討好，我也只能默默認命接手處理。

無法建立「組織」，那就「一對一」

餐飲業的利潤是由人創造。因為有人，店鋪才能正常運作、進而產生利潤。因此，我會與每一位員工徹底打好關係。

聘用員工時正值店鋪改裝，急需能夠統籌新店鋪的年輕儲備店長。畢竟我們這家公司只有兩位店長。我除了在徵才雜誌、職業介紹所刊登廣告，也請相關行業介紹人才，逢人便問：「有沒有人想來我們這裡工作？」

只要有意願來上班，我幾乎都會錄用。我也曾在面試當天與對方一起去喝酒培養感情，以免錯失寶貴人才。

不知道為什麼，許多長期從事餐飲工作的人總是債務纏身，我便陪他們辦理消費者信用貸款，還自掏腰包代付欠款。當然也有人在我替他代墊之後，立即不見蹤影。儘管如此，我仍是非常需要人才。

提到經營管理，由於我在麒麟啤酒時期沒有擔任過管理職務，以至於無法建立「組織」。於是，我轉而觀察每一名員工，與旗下七十名員工建立「一對一」的關係。也因此，絕大多數員工都認為「我是社長直接聘用的」、「我的（直屬）上司就是社長」。

每次巡店，我一定會問員工：「一切還好嗎？」

「有什麼事嗎？」

「沒事。」

「你雖然說『沒事』，感覺好像不是那麼一回事？」

如此互動之下，員工也會勉為其難把負面的訊息告訴我。之所以這麼做，是因為擔心他們會被心底的不安擊垮，同時也害怕再次上演自己曾經遭遇過的問題行為。

員工也常來找我商量相當私密的問題。因此，「一對七十」的關係實際上對我負擔甚重，但是我也只能用這種方式與員工互動。

不知不覺間，我已把自己當成「金八老師」。

眾所周知，「金八老師」是武田鐵矢主演的校園劇代表作。這位老師每一集都自己想辦法解決學生惹出來的麻煩。就像我現在面對自己的員工一樣。

現實生活中的中學應當也是如此，教學認真的老師確實會悉心指導四十至五十名學生。既然如此，我應該做得到吧。

大部分員工過去似乎不太有機會締結良好的人際關係，因此不排斥我以「一對一」的方式和他們互動。久而久之，他們也能以這種態度與顧客應對。

不著邊際的會話與浮上檯面的問題案例

我當時會替每位員工建檔。

趁著巡店時將員工的談話內容記下來，例如：「〇〇的老家以務農為生。」、「〇〇的家人在去年過世。」一有時間便翻閱複習。

由於員工人數愈來愈多，再加上我已能和他們自然互動，不必硬找話題閒聊，現在已不用再替員工建檔了，但是我依然保留記錄員工談話的習慣。像是「十一月八日，罵了〇〇。」、「二十八日，跟〇〇聊起牛雜鍋。」

下回遇到對方，便能關心後續情況：「當時發生的事，後來解決了嗎？」、「伯母在家鄉還好嗎？」不少人因此願意對我敞開心扉。

此外，我會把公司製作的計畫表發給全體員工，唯獨我手上的那一份標示了所有人的生日。僅僅說一聲「生日快樂」而已，也不需要特別的舉動，便能讓對方感到安心，覺得自己受到重視。

我每週也與七名幹部交換日記，藉此掌握工作的進展。

上班族應該最了解，上班期間最討厭的就是跟上司討論嚴肅（麻煩）的事情。我也很不喜歡。

因為上司也很忙，下屬通常對這種事情能免則免。然而，如果讓下屬對自己敬而遠之，難以向自己發出求助訊號（SOS）的話，就會錯失良機，使情況愈來愈嚴重。

為了不讓員工有苦自己吞，所以我主動對他們說：「把問題寫下來吧。」、「如果難以啟齒，就寫『嘿，呀！』代替吧。」

員工因此寫下情況嚴重的事項與我分享，這麼一來反倒變成我不太想看了。但正因為如此，由自己主動建立機制這事顯得更為必要，如此才能讓員工願意上呈負面的訊息。

樂觀的心態

當我採取各項措施改變店鋪營運方式，有些前朝員工因為無法再像從前那樣隨心所欲而選擇離職。相反的，也有不少人認為新的做法適合自己，至今仍留在公司一展長才。

我認為最大因素在於公司營運展現了成效。對當時的我而言，想要贏得員工的信賴，最重要的便是讓公司做出成績。即使是生性魯莽或個性彆扭的人，只要顧客感到滿意，他們也會覺得開心，進而期待自己的努力沒有白費。

作為全新路線模範店的七福戶塚店，除了新聘曾是打工族的店長之外，還安排了兩位廚師駐店。他們兩位在我父親生前即進公司服務，但屬於年紀較輕的工作人員。

他們在新店鋪研發菜單時期便一起推動企畫，形成三人小組。但是其中一位廚師與店長起了衝突，立刻辭職不幹。原因是新店鋪想要改變過去以廚房領域為主的營運方針。那位廚師雖然理解這項舉措，可是實際體會到種種變化時，便覺得自己難以照做吧。

另一位廚師和我有一點交情，倒是能適應新的體制。然而，當新店鋪經營不順遂，人際關係立刻生變，店長及廚房方面開始互相推卸責任。

那位廚師雖不至於認為過去的做法比較好，但是業績不見起色的挫折感仍是重挫了彼此間的關係。不過，如前面所提到的，自從重新找到店鋪的定位，鎖定中高年齡層男性的策略奏效後，先前的問題立即迎刃而解，一切順利步上軌道。這件事讓我深感成就感的力量。

我們公司有位店長是從家庭式餐廳跳槽來的。這位畢業於知名大學、也在大型家庭式餐飲集團工作過的男士，卻選擇來知名度與工作條件比從前職場差一截的湯佐和辛勤工作。

有一次，我按捺不住好奇心，不顧社長的身分問道：「你怎麼會想要來我們這裡工作？為什麼工作得這麼努力？」他回答說：

「在家庭式餐廳工作時，一直很煩惱業績不振的問題。長久下來真的很討厭這份工作。但是來這裡後，因為生意愈來愈好，辛苦也有了回報，讓我切身感受到顧客的支持。」

他說的話令我印象深刻。再次深刻體會到展現成果的重要性。

提到讓顧客滿意的例子，我們有一道由員工開發的熱門商品「牛雜煮」。在構思新菜單的階段時，我提議了「牛雜煮」這道菜。經過員工不斷改良而成的「牛雜煮」在顧客意見調查中備受好評，當我們將它製成壁貼POP加以宣傳，立刻成了最受歡迎的一道餐點。

廚師自己也非常開心。他原本是有些冷漠、有點憤世嫉俗的人，當自己研發的餐點大受歡迎，顧客也讚不絕口說：「好好吃！」他心底還是很高興吧。我也順勢大讚，帶動店裡的士氣：「全是因為〇〇大廚做的牛雜煮很好吃啊！」

出於直覺的「好預感」

我們有不少員工過去在工作崗位上遭到職權霸凌及斥責，一旦對他們訓話，許多人便立刻築起心防。因此，訓話模式無法讓對方敞開心胸聆聽自己想要說的話。所以我會先誇獎一番，讓他們卸下心防，把「心裡的杯子」杯口朝上。當他們願意將杯口朝上，我就能把心裡想說的話全部往杯子裡倒。

員工會識破言不由衷的奉承。所以我總是認真尋找對方的優點，並且在不知不覺間習以為常。只要有心去找，一定能找出每個人與眾不同且值得讚揚的優點。

例如有的人能做出美味的牛雜煮；有的員工會朝氣十足的向人問候、同時反應機敏地招呼顧客。就算沒有引人注目的特殊才華，每天不間斷地維持全勤上班紀錄便已難能可貴。

除此之外，為了提高員工的工作熱忱，我也舉辦各種活動。像是服務競賽、商品競賽、當月優秀獎等獎勵制度，盡量製造機會讓努力的人接受大家的拍手喝采。

為了營造「我很棒」的感覺，我會找出優點大肆宣傳。舉例來說，即使有許多地方不如競爭對手，我也會強調自家公司的長處：「看到〇〇〇（競爭對手）的生魚片拼盤了嗎？我們的比他們好太多了吧？」在業績方面，「當月業績雖然沒賺錢，但是最後一個星期轉負為正了！」諸如此類，我總是找出一堆莫名其妙的理由大讚特讚。

如果一直得不到成就感、不覺得自己很棒，平時鮮少受人肯定的人很快就會心灰意冷。

——這麼做也是為了我自己。藉著拚命宣傳公司的優點來鼓舞自己。姑且不論別人的情況，我可是身負四十億日圓債務。不管員工是不是欠了債、或者從來沒有受到肯定，處境最慘的人肯定是我。

第4章

天堂前方又是地獄——從史上最高收益到登上新聞版面

二〇〇三年到二〇〇七年

欠債餘額：三十億日圓→二十億日圓

一年兩億的還錢速度

我的日子猶如在爛泥堆中掙扎前行，長期縮衣節食拚命還債的結果，總算在二〇〇三年底將債務降至三十億日圓。因為是以一年兩億的速度償還，比我想像的還要順遂。

為什麼我能賺到這麼多錢呢？因為餐飲業有其獨特的獲利結構。餐飲業稱得上是「人的生意」（People's business），即使是同樣的招牌、菜單，店鋪的業績也會受到店長或工作人員等「人為」因素所影響。換句話說，隨便擴大規模往往會使人才培訓跟不上展店的速度，導致獲利率下滑。

尤其是居酒屋，它與速食餐廳不一樣，屬於顧客滯留時間較長的行業，會受到人為掌控方式（待客水準）而大幅改變提供顧客的價值高低。再加上使用的食材數量相當多，實在很難發揮規模利益的效果。反過來想，大型連鎖店也未必占有競爭優勢，像我們這種地區集中型的居酒屋一樣能在業界苟延殘喘。

第二點，安排擅長控制成本的店長進駐各家店，節省人事費用、成本、水電瓦斯費等支出。在此之前，必須先改變徵才方式。

當優秀的店長進駐過去經營得一塌糊塗的店鋪，原本一毛錢都賺不到的店也能成長到獲利兩百萬左右。在不汰換其餘工作人員的前提下，有能力的店長進駐後，一年即獲利兩千四百萬、五年便達到一億日圓的水準。

這就是我所說的，利潤是由人創造的。

至於第三點，由於餐飲業屬於房租等固定支出相當高的行業，生意不好立即嘗到苦頭。但是當營業額超過損益平衡點，利潤就會大漲。縮小均衡方案能夠成功，也是拜這項特性所賜。

除了餐飲業的結構之外，另一項主因是總公司辦公室在二〇〇三年七月搬遷。

在此之前是沿用橫濱市郊外的舊辦公室，為了離第一線更近，我挪用位於大船的四層樓店鋪一隅當作辦公室。

因為第一線與總部合一，有事可立即處理，例如：「那道菜讓我試吃一下。」、「我們來談一下。」因而加快了商品研發及人才培訓的腳步。

不過，之所以搬離舊總部，也是自己強烈想要「早點離開那個地方」。原來的總部昏昏暗暗，心裡對它實在沒有半點好感。趁勢搬離也是想重新出發。

狂牛症爆發，再次掉進資金週轉地獄

過去處在狂風暴雨中的我，內心也稍稍有了喘息的空間，心境得以轉至陰天狀態。當時掛在牆上的「翻頁日曆」就是最好的證明，它始終停在同一頁數字。雖然距離「五年　一八二七天」只剩幾百天，但我已能憑自己的力量走下去，不再仰賴日曆。

雖然每天依然過得辛苦，至少不是當年「今天可能會倒閉的公司」了。即使走到這一步，自行宣告破產依舊是選項之一，但是考量到跟人道歉的滋味以及繁雜的手續，我不禁覺得，還是再繼續努力吧。

然而，好事多磨。

二〇〇三年底，美國確認有牛隻感染狂牛症，日本政府立即決定禁止進口美國牛肉。我在家裡看到這則電視新聞，當下不禁大喊：

「不、不、不會吧！」

我很希望這是一場玩笑，可是心裡也明白：「這一刻終於來了。」國內才因為牛隻感染狂牛症而引發討論，當時不免擔憂，如果美國也出現病例，自家店鋪就慘了。

理由是湯佐和旗下有五間吉野家的加盟店，這幾間熱門的牛肉蓋飯店在公司慘澹經營時期也能穩定獲利。具體來說，吉野家賺取的利潤占湯佐和的百分之三十。如今可能受到影響而掛零。

好不容易重新站穩腳步，順利償還債務，就只差那麼一點點，難道要因為這件事而全盤皆空嗎？看著新聞報導，我只能哀嚎：「饒了我吧。」久違的絕望感再次侵襲我。

其他的大型牛肉蓋飯連鎖店忙著改用澳洲牛肉，吉野家一如我所料，堅持「一定要用美國牛肉才能維持自家品牌的味道」，因而選擇在二〇〇四年二月停售牛肉蓋飯。到了庫存用罄的販售截止日，各家電視台的採訪組全部聚集在吉野家，報導「牛肉蓋飯的最後一天」。

經營事業的過程中，永遠不知道未來會發生什麼事。專賣牛肉蓋飯的吉野家竟然無法販售牛肉蓋飯。事情急轉直下，令人震驚不已。

但是我也不能束手待斃，不管遇到任何情況，都要盡自己最大的努力，相信天無絕人之路。因為不希望將來後悔，當時我也在思考盡己所能，即使「杯水車薪」也不放棄。

我出席了好幾次農林水產省主辦的「公聽會」（當然是單槍匹馬），並在現場舉手發言，要求「儘快確認安全無虞後開放進口」。

約三百名與會人士中，消費者團體即占了九成。他們當然反對開放進口。以維護消費者安全為大前提之下，我必須老實說，這起事件是科學層面的「安全」問題、與情感層面的「安心」問題交雜的困難議題。

像我這樣的人發言，究竟能有多少效果？儘管幾乎毫無作用，我也盡了自己最大努力。吉野家總公司上至社長、下至全體員工，同樣和我們這群加盟商一起面對困境。我很感激他們，也備受鼓舞。

然而，情況十分嚴苛。

由於吉野家的獲利大減，我再次跌落資金週轉地獄裡。我不禁憎恨這個殘酷的世界。明明只差一步就能從谷底翻身，沒想到又被打回原形。

接下來的日子我絲毫不敢大意。在凡事錙銖必較的苦心經營下，我抱著一絲希望，總算撐過往後數年。

這段期間真的很對不起員工。當初店鋪經過改裝後逐漸步上軌道，我正考慮替員工增加一點薪水和休假，卻因為狂牛症爆發不得不暫緩這項承諾，一切又得以資金週轉為優先。這是我最難過的一件事。

達到最高收益並且還完銀行貸款

二〇〇六年十二月，吉野家開放部分店家販售牛肉蓋飯。

我在這段期間針對居酒屋部門的經營方針是一切以獲利為優先。不管睡著醒著，滿腦子都在計算營業額、人事費用及成本。

我也請每位店長每星期來總公司開會，嚴格要求他們凡事精打細算。

不論是精神上或經濟上，都讓員工感到壓力龐大吧。唯一值得安慰的是居酒屋部門在這段危急時刻順利成長。

當時吉野家的獲利幾乎是零，但是居酒屋部門的業績在二〇〇六年十二月達到史上最高收益。

我用這段期間賺來的一分一毫連本帶利慢慢還款，債款也逐漸減少，到了二〇〇六年四月，終於如願償清大型金融集團的十二億債務。

直到此時，我才真正覺得自己克服了難關。

我與妻子喝著紅酒小小慶祝一番，已經不知道多久沒這樣「慶祝」一下了。由於還剩二十億債款，內心實際上沒有感到狂喜，但令人驚訝的是解脫感油然而生，晚上也能安然入睡了。過去與大型金融集團交手所嘗到的辛酸滋味，已在我心底留下難以抹滅的陰影。

回顧當時的日記，赫然發現我下筆甚重地寫下：「總算不必擔心倒閉了。」

我不知度過了多少無眠的夜晚，才能走到這一步。

不管多麼疲憊，腦海中只要閃過工作的事，當晚立刻輾轉難眠。

每逢失眠的夜晚（可說是每天），我會在鑽進被窩後播放故事類的朗讀CD幫助入睡，最常聽的是池波正太郎的《鬼平犯科帳》與《劍客生涯》等朗讀CD。這類CD因為有故事情節，聆聽的當下可以暫時忘了工作的煩憂。

把工作拋在腦後專心聽故事內容，不久就會感到疲倦而入睡。如果半夜又醒來，我會再播放CD，讓自己再睡一下，一晚反覆數次直到天明。

日記與還債明細表是我在失眠夜裡的慰藉。

我從不間斷寫日記。遇到痛苦的事情時，便會回顧過去的日記，看看自己如何熬過更嚴苛的情況，藉此鼓起勇氣面對眼前的難題。持續書寫的過程中，我也養成了習慣，在感到痛苦的那一天日記結尾寫下：「我這次也一定會撐過去。」

除了寫日記以外，我也同時製作了「還債明細表」，目的是為了確認自己一路走來的過程以及逐步完成的事項。覺得難受時便拿出來翻看，激勵自己下個月繼續努力。這份明細表，就是我一點一滴償清四十億的歷程表。

償還速度加快時，我也非常期待每個月底親手將還款金額輸入還債明細表。這項作業和前面提到的翻頁日曆一樣，輸入資料即成了一大樂事。我以這種方式熬過償清十二億日圓的日子，如今終於有了回報。

解決大型金融集團長期懸在心中的債務後，居酒屋部門的業績也蒸蒸日上。接著只等牛肉蓋飯全面恢復販售，預計未來會再增加兩、三成利潤。

因此，我自然順理成章地認為可以趁勢償清所有債務。從現在起，正是絕地反攻的大好時機。我也打下了全力邁向經營之路的基礎，一切蓄勢待發。當時是二〇〇六年十二月，心想這一次絕對能從谷底翻身。

可是，惡夢還未結束。

應該說，惡夢第二幕即將開始，意想不到的事情正等著我。

原本期待二〇〇七年有個美好的未來，一月至三月卻連續發生了三起足以動搖事業基礎的大事。

諾羅病毒爆發而登上新聞版面

第一件大事，因為諾羅病毒引發食物中毒而登上新聞版面。

一月下旬的星期六，我接到了一家分店的報告：「包括店長在內的數名員工因為身體不適，必須請假。」一問之下，得知可能是感染了流行性感冒。

「我知道了，不過，店鋪還是照常營業吧。」我下達了指示，當天便由剩下的員工繼續營業。結果到了隔天，又有好幾位員工身體不適。員工紛紛表示：「今年的流感好像會大流行啊。」當我聽到有人出現腹瀉及嘔吐的症狀，頓時浮現不祥的預感。如果是流感，出現這些症狀似乎不太對勁。正在狐疑時，星期一同時接到了衛生所及顧客打來的電話。

緊接著，其他顧客也打電話來通知。

我不禁渾身發抖。

一心祈求情況不要太嚴重，但是檢查報告顯示，顧客與我們的員工全都感染了同型的諾羅病毒，感染源就是店內的餐點。

怎麼辦？這是我當下唯一的反應。我不擔心營業額下滑，因為這家公司本來就快倒了。我對這一點也不在乎。

我從以前便耳提面命員工注意衛生管理。從事餐飲業以來，最擔心的不是即將倒閉或虧損連連，而是食物中毒。這起事件是公司長期開業以來第一次發生。對於相信我們而來店裡用餐的顧客，我感到萬分抱歉，心中懊悔不已。

由於打擊太大，我寫在日記裡的字跡也相當潦草。

「現在情況緊急，不知道該怎麼辦了。」、「這下完蛋了。」

然而，我接著也寫道：「這次雖然遭遇前所未有的危機，相信一定能度過難關。日後回顧這篇日記時，肯定已經解決了。」儘管渾身癱軟得快被擊垮，我依然頑強地擺出迎戰姿勢。

我們受到停業三天的處分，同時登上新聞版面。往後的日子依舊難受，必須不停向顧客賠罪及給予補償。

「我們家有小孩子欸！要是全家都感染了怎麼辦！」

承受著各方責罵，我只能帶著無比歉意，趴伏在榻榻米上致歉。

自從星期六接獲通知，星期一得知遭到感染，並在下個星期日前往衛生所接受處分，隔天星期一登上新聞，短短一星期左右發生的事，對我來說猶如一個月那樣漫長。

至於諾羅病毒，不管處理食材時多麼謹慎，要是受到感染的員工踏進店鋪，尤其是廚房，依然防不勝防。只能防患於未然，禁止身體不適的員工進入店鋪。

因此，我現在一定會要求員工填寫「健康狀況確認表」，並且指示：「身體如果不舒服，請在家休息不要來上班。」曾經有位員工說：「我去看醫生，他說『是腸胃型感冒，不要緊』。」怎麼可能不要緊？因為有可能是諾羅病毒，若是出現腹瀉及嘔吐症狀，就得立刻停止上班。我也嚴格要求員工不要掉以輕心，注意員工之間是否有人出現類似症狀。

如今回想起來，在經營者生涯中所遭遇到的最大挫折，就是這起造成顧客困擾的食物中毒事件。所幸顧客在事件過後依然願意支持我們，店鋪的業績因此更加成長。但我們心裡始終難以忘懷曾經帶給顧客莫大恐慌。

親信的員工驟逝

第二件大事深深打擊了我。

自父親生前即長期任職於湯佐和的資深廚師，S大哥突然撒手人寰。享年四十七歲，死因是糖尿病惡化。

他的身體從以前就不好，數度進出醫院治療，由於他強烈要求「請讓我繼續工作」，所以我每次都讓他回到工作崗位。

S大哥身後留下妻子與兩個孩子。因為私人因素，他沒有和住在首都圈近郊的家人住在一起，而是住在公司的員工宿舍，平時一個月回家一次。沒想到就在這時候突然倒下。

他是作風老派的廚師，在一群脾氣火爆的廚師中屬於「特別不受控」的一個。飽經世故的他，年輕時曾加入黑社會組織，金盆洗手後成了工作認真的廚師。

我接下湯佐和時已從旁人口中聽到他的傳聞：「我們公司有個叫做S的壞傢伙，是個狠角色喔。」我也十分惶恐，不知道對方究竟是何等可怕的人物。但實際見面後令我大感意外，他根本是個好人。

S大哥與我不知怎地一見如故。他的年紀比我稍長，過去的人生經歷也和我截然不同，可是他認同我的營運方針，全心全意支持經營策略大幅改變的湯佐和。

他十分注重上下關係，儘管或多或少有些不滿，依然謹守分寸，絕對不會反抗社長。而我也有自己的待人方式，在當社長之前，對於比自己年長的人都會加上敬稱，或許因為如此，彼此之間才能保持良好關係。

S大哥最特別的一點，便是說話的語氣像極了東映的俠義電影。他會以不可思議的正經語氣、冷不防冒出「一言既出，駟馬難追」這類台詞。見到我朋友來公司找我，便會前來通知：「社長，稀客來訪了。」竟然說「稀客」。雖然忍不住想吐槽，但也讓我對S大哥的獨特語氣懷念不已。

S大哥過往的經歷及口吻不免讓人對他心生畏懼，但是膽識過人且廚藝精湛的他，在公司內裡仍是令人甘拜下風的人物。不僅能妥善化解廚師之間的衝突，當時一群流浪廚師聯手杯葛店內營運，也是由他出面平息這場鬧劇。我真的很佩服他。

有一次，我拜託他去情況十分糟糕的店鋪駐店，儘管心裡很擔心他，他卻若無其事地說：「放心吧，大家會幫我的。」

他真的幫了我很多，如果沒有他，我這個完全不懂餐飲業的上班族根本無法凝聚這群廚師的向心力。

在他過世前不久，我曾經硬帶著討厭看醫生的S大哥去看病。

我知道他是重度糖尿病患者，也多次勸他到醫院治療，可是他始終固執地不願去。「我也要去醫院抽血檢查，一起去吧。」最後總算用這個理由說服他上醫院檢查。

儘管擔心S大哥的身體狀況，年終歲末的繁忙時節，我仍是無法拒絕他的要求：「我想要工作。」

如今依然悔不當初。

當時如果用綁的也要把他架去住院治療，他就不會病倒了。由於店鋪繁忙，我是不是表面上擔心著他，其實悄悄盼望他能出勤幫忙？比起員工的健康，我是不是太過在乎店鋪的生意了？

自從前往S大哥家裡弔唁，並與他的家人談話後，我一直對自己的決定痛悔不已。

過了幾天，S大哥的親人來找我。「他老是說自己『進了一家好公司，並且在一個好社長底下工作。』」當我聽了這番話，總算感到一絲安慰，但心底依舊抱憾至極。

店鋪失火全燒光

痛失S大哥後，深陷傷心與自責的我，又遭遇一次惡夢般的打擊。一家店鋪在三月底失火。好不容易擺脫了食物中毒意外的陰霾，旗下一家店鋪竟然失火全部燒光。

賠償完因諾羅病毒而受害的顧客後，店鋪重新營業，營業額也託顧客的福有了起色。不僅是我，全體員工也深感自己造成顧客莫大困擾、同時辜負了顧客的信任而痛切反省：「再也不要經歷這種事了。」

我擬定了相關對策，下定決心絕不重蹈覆轍。由於當時正值歡送會、歡迎會旺季的忙碌三月，因此原定要在四月重整旗鼓全力衝刺，沒想到某天半夜三點左右，我接到了員工打來的緊急電話。

「社長，F店失火了！好像全燒光了！」

根據以往的經驗，深夜打來的電話肯定沒好事，但此刻接到通知，仍是嚇得跳起來。

那棟大樓是我們公司的，一樓是吉野家、二樓是烤雞串店。因為地點位在鬧區，附近有不少店家營業到深夜。那名員工也不太清楚詳情，我先請他去現場看看，自己隨後匆忙趕去。

我在車裡簡直快要發狂。

店鋪全燒光的話，很有可能出現傷亡。到底有沒有延燒到鄰近店家或建築物呢？怎麼辦？怎麼辦？怎麼辦？

一想像現場情況，腦海不斷浮現各種可怕的妄想。我不禁全身發抖。

千萬不要出人命！拜託了！

我一路上拚命祈禱，抵達現場後，看見消防車出動了十輛之多，四周也聚集了大批看熱鬧的人群。起火地點是二樓的烤雞串店。我已經茫然不知所措了。

所幸沒有任何人員傷亡，算是不幸中的大幸。接著聽消防隊說明事發經過，據說延燒情況已控制在最小範圍內。

當時是我人生中最感安慰的一刻。

雖然沒有人員傷亡，但是二樓店鋪燒得焦黑，一樓的吉野家也被水淹得一片狼藉，一時之間不堪使用。

至於周遭直接受害的部分，證券公司架設的天價特製通訊電纜因此起火燃燒、鄰近的特種行業也受到波及而無法營業。其中受創最嚴重的是前者，我只能低頭鄭重向他們賠罪。

事到如今，依然忘不了當時泡水又焦黑的店鋪。那是我有生以來見過最慘烈的情景之一。

全都是自己的責任

諾羅病毒引發食物中毒、S大哥驟逝、店鋪失火。

內心沉痛之餘，我也意識到了問題所在。

這些事件的起因全都在我身上。

我絕對不是自暴自棄。而是冷靜思考這一連串事件的前因後果所得出的結論。

諾羅病毒事件，是我勉強員工來上班所造成。

因為感染諾羅病毒的員工在店裡工作，才會使感染範圍擴大。一般來說，遭到諾羅病毒感染後，根本不可能正常工作。那位員工簡直就像文字所形容的，用爬的來上班。

由於我嚴格要求精打細算，精簡了店裡的員工，形成了一個人請假、人力便極為吃緊的工作環境。是我造就了員工身體不適也得勉強上班的局面。

我最倚賴的S大哥之所以驟逝，一如前面提到的，我雖然關心他的健康，可是也斷絕不了對他的依賴。

再說到店鋪，因為精簡人事費用的關係，員工一個人當好幾人用已成了常態。除了幫忙出菜之外，有時也得幫忙結帳。再加上沒有閒暇好好清掃，導致通風管道滿是油漬。那次失火就是在廚師稍不留神、轉去做其他工作時，火花飛濺到通風管道上的油漬而引發的。

將這些事件攤開來看，我立刻發覺所有問題全出在自己的經營方式。這幾個月層出不窮的事件，更讓我覺得自己無法經營下去了。我滿腦子全是賺錢、賺錢、賺錢。

我只想到利潤。尤其是牛肉蓋飯停售後，這種傾向更明顯。

「我們要努力提升業績，精簡不必要的人事費用！不要花無謂的成本！我們的目標是追求利潤極大化！」

如此信心喊話全力衝刺的結果，導致弊病浮現而引發一連串事件。

我也認為，自己不適合當經營者。我可以勝任猶如還債「機器」的商務活動，但是我應該沒辦法培育人才、為員工著想，並將公司經營得穩健出色吧？

更何況，我根本沒這麼偉大，一心只想著：「我受夠了，我撐不下去了。」自從繼承公司以來，我第一次舉白旗投降。

於是，我找來了幾位幹部員工，對他們坦言：「我想把公司收掉。」

決心收掉事業

接連發生數起沉痛打擊的那段期間，早已過了當初「翻頁日曆」所設定的一千八百二十七天期限了。

我已心灰意冷。

我已經不堪負荷，再也無法撐下去。

當時餐飲業十分盛行企業併購（M&A，Mergers and Acquisitions）。我上一份工作有接觸過企業併購事宜，有一些基本知識。我立刻向專業公司打聽，得知自己也許會落得一貧如洗，但是債務有可能趨近於零。於是，我開始想像順利結束公司的情景。

不過，到底該怎麼做才好。

苦思之餘，我找了幾位幹部員工來商量。當時應該是普通的酒聚場合吧，大家一起談天說笑，絲毫不像要發表重大消息，也沒有人料到我想結束公司。

「我說啊，我已經受夠了。最近考慮把我們公司賣給大企業，你們覺得呢？」

我猜想大家應該會表面上反對，實際上認同這項決定。把公司賣給大企業，不但能拉抬知名度，也能改善工作條件。大家應該不會有怨言。至少我相信，他們不會強烈反彈吧。

然而，事情出乎我預料之外，他們堅決反對這項決定。

「社長，你再考慮一下吧。我們都還想待在這裡繼續打拚，你現在居然想要賣掉公司？拜託不要說這種話，好嗎？請你打消這個念頭吧。」

「接連發生了這麼多事，你會這麼想也不意外，但是我們也在反省了。讓我們一起努力，把公司做得更好，再也不要發生這種事了。我能體會你很想在這時候放棄，可是我們也賭上了自己的人生啊。」

「我們也會努力，請不要逃避，繼續加油吧！」

感謝他們勸阻了我。聽了員工的心聲後，我才赫然醒悟，原來有人把我們的公司當成「自己的公司」啊。

對我而言，湯佐和這間負債累累的公司只是一個「重擔」。我只是無端遭受牽連不得不背這筆債而已。

當員工對我說：「我們賭上了自己的人生，你也給我好好努力。」不禁使我感到愧疚，總覺得自己只是利用他們來還債。

自從知道他們真心把湯佐和當成自己的公司，我肩上的負荷更加沉重。因為自己已無路可逃。我本來很希望員工對公司的感情不會那麼深刻，可是，他們的態度十分堅決。

有的員工甚至說：「我想在這裡實現自己的夢想。」我已不確定他是怎麼說這句話，但意思大致是如此。

我簡直不敢相信。他們竟然這麼想。

經營湯佐和將近十年，我完全沒有發現他們對公司的情感，實在很汗顏。聽了他們的心聲，我再也不能一心想要逃離。同時暗自心想，如果想要以經營者的身分繼續帶領公司，自己一定要有所改變。

保持理智的方法

我的人生經歷過兩次從天堂墜落地獄的磨難，以下和各位分享幾項置身地獄仍能保持理智的方法。

第一項，盡己所能隨時掌握心理狀況。

試著以客觀的角度不時自問：「目前的心境如何？處於哪一種情緒？」或者對著鏡子，像是檢查髮型和儀容似地確認自己的心理狀況。

此外，覺得自己受情緒影響時，也要站在客觀的立場自問：「現在處於哪一種情緒？」也就是將這道情緒「從自己的內心」擷取出來觀察。

不用出聲音，只要在心裡默默與自己對話，心情就會輕鬆許多。例如：「啊，感覺有些不安哪。」、「今天有點憂鬱啊。」、「發怒模式啟動了啊。」了解自己的情緒後，肯定會減輕不少重擔。

早上起床覺得心情低落時，可多加留意：「今天似乎有點發燒？注意一下身體狀況吧。」以此類推，不妨自我分析：「今天似乎有點憂鬱。因為前幾天的問題還沒解決吧。」

如今接到電話傳來壞消息時，我也會自我照護心理狀況：「啊，都是那通電話害我這麼沮喪。」雖然這麼做並無法治本，至少能在這個階段保持理智：「引起負面情緒的原因是這個，所以自己只要盡好本分就好。」

第二項，注意措辭。

從我當時所處的環境來看，日常生活中只會說些「負面思考的話語」。

「反正我就是沒用。」、「為什麼我這麼倒楣……。」、「開什麼玩笑！」、「饒了我吧。」等等。

每次說出這些話，會使自己變得更軟弱，進一步加深被害者意識。因為自己最忠實的聽眾就是你自己。

久而久之，便無法積極振作。因此，請務必注意自己的措辭。打起精神來、不要認輸、硬撐到底。諸如此類，盡量把正面的話語掛在嘴邊。請認真練習這一項，讓自己忍不住說出喪氣話時，也能在當下立刻改變措辭。

第三項，留意自己的所見所聞。例如從書籍或電影中獲得慰藉。

有一本戰歿學生的手札《聽吧！海神的聲音》（きけわだつみのこえ），不知道它算不算是我最愛的書籍。不過，多年來確實從這本書獲得不少慰藉。我買了好幾本，分別放在辦公室及住家、電話旁邊、車子裡等各個場所。覺得難受時，就會順手拿起來翻閱。

只要想到這些戰歿學生當時的心境，頓時覺得自己眼前的磨難根本不算什麼。身負龐大債務、遭到銀行冷嘲熱諷，那又如何？和這些徒留遺憾的戰歿學生相比，自己實在沒有資格怨天尤人。我沒有心思閱讀商務書籍，但是這本書深深鼓舞了我。

音樂方面，我不聽會影響情緒的歌曲，只聽足以振奮自己的種類。我喜歡聽愛德華·艾爾加（Sir Edward William Elgar）的《威風凜凜進行曲》（*Pomp and Circumstance Marches*）。開車時放大音量來聽，感覺更亢奮。矢澤永吉的歌曲同樣鼓舞了我。他憑著毅力償清三十多億日圓債款的經歷也深深打動了我。我不會聽演歌。內心脆弱時再去聽歌詠人世悲哀的演歌，只會更加沮喪。如今除了少數幾家店鋪之外，我一律禁止店內播放演歌當背景音樂。

電影方面，我看了好幾遍《教父》（*The Godfather*）與《飄》（*Gone with the Wind*）。

我會將自己的遭遇代入《教父》的主角麥可．柯里昂（Michael Corleone）與《飄》的主角郝思嘉（Scarlett O'Hara），從他們的處世態度中獲得勇氣。尤其是《教父》，大概看了超過一百次吧。可是我沒有每次都從頭到尾看完，只挑喜歡的場面鼓舞自己。

郝思嘉立誓「我絕對不要再為金錢所困」的那一幕最令我動容，也激勵了我。

第四項，反求諸己。

事出必有因，無所謂偶然。所以我的思考及行為必須以此為基礎。也就是「反求諸己」的想法。

這當然也代表了「自責」，但另一方面也是害怕自己產生負面想法：「由於自己無法掌控的因素，導致痛苦的事件不斷發生。」

有人突然提出辭職時，若是一味怨嘆自己倒楣：「為什麼會這樣？」或者怪罪他人，根本無助於正視問題。

如果反求諸己，換個角度想：「我當時不應該對他說那種話。」便能自我反省，提醒自己不要重蹈覆轍：「下次換個方式說明吧。」、「這次大概行不通，下回不要再犯同樣的錯誤了。」

我相信不論遇到何種情況，只要改變自己的想法與行為，就能走出另一條路。反求諸己的結果，有時會讓自己大為沮喪。但是員工說的話會再次激勵灰心的我，原因就是我明白「反求諸己」的道理。

最後一項，遙想宇宙。

面對殘酷的現實而感到心灰意冷時，大多是因為目光狹小而受制於眼前的問題。因此，試著遙想浩瀚宇宙，會發覺自己的問題不過是微不足道的小事。

我背了四十億的債，可是宇宙有一百五十億光年，等級未免天差地遠。我便在不知不覺間養成了欣賞遙遠銀河與行星寫真集的嗜好。看著距離幾億光年之遙的星星，我不禁覺得眼前的問題根本不算什麼。遙想宇宙——如今看來，簡直就像誇張的笑話。可是我當時非常認真。不這樣做的話，真的很擔心自己會瘋掉。

我便是靠自己養成的這幾個習慣，努力振作起來。

第5章

悔恨與迷惘均煙消雲散的日子

二〇〇七年直到現在

欠債餘額：二十億日圓→一億五千萬日圓

打造一個好公司

多虧了這群員工，我終於注意到自己有個大問題。

儘管嚴苛的考驗層出不窮，情況沒有因此變得更糟糕，也許是老天爺網開一面吧。食物中毒事件造成顧客莫大困擾，可是員工的心態從此改變，下定決心不再重蹈覆轍。雖然發生了火災，但沒有人員傷亡。

我不禁覺得這是老天爺給的警訊：「再這樣放任不管，恐怕會造成無法挽回的局面，必須在這個階段痛下決定。」

如果我不改變，肯定又會發生問題，我再也不想經歷同樣的事情了。於是，我決心從此改變經營方式。

當時提出了一句口號：

「一切全為了顧客及工作夥伴的歡笑與喜悅。」

訂出明確的工作態度後，我真的鬆了一口氣。

原因是如前面所提到的，我對員工有著「我只是把他們騙來還債」的罪惡感。我從來不對員工提起公司的經營狀況，儘管嘴上說著：「讓我們一起打造一個好公司。」但是我根本沒想過五年後的事。直到最近，我一點也不相信自己能還清所有債務。

即便公司經營步上軌道，我同樣感到愧疚，認為自己剝奪了他們的機會。因為心底始終有個念頭，那群二十多歲來我們公司的員工，如果能改在大型連鎖居酒屋努力工作的話，日子肯定會過得比較好。

當我向熟識的經營者及自僱人士吐露心裡的煩惱，其中有人安慰我：「我懂你的心情，但是你有按時付薪水，勞雇關係也不錯。他們當然也有權利辭職求去，不必認為自己『利用了他們、欺騙了他們』吧。」

聽了這番話，我的心情確實輕鬆了一些，但還是無法消除把員工捲進公司困境的愧疚感。換句話說，我一直覺得自己是在利用他們，才會產生這種想法。說老實話，曾經有很長一段時間，只要有人提出辭職，我就會冷汗直流，因為腦袋裡正在計算：「他辭職的話，我一年就少賺一千萬日圓了。」那時候，我只用金錢衡量一個人。

想要徹底抹去這股愧疚感，唯有把公司經營好，讓辛苦的員工努力有所回報。

再加上這段期間，我已不必煩惱資金週轉問題了。信用金庫方面也對我說：「你不用那麼急著還錢啦。」從現在起，我可以改變經營航向，以「打造一個好公司」為目標，再也不必向大家說謊。

既然如此，事情就簡單許多。當時心想，過去自己一路拚搏只為苟延殘喘，克服了資金週轉以及與大型金融機構交手等各種難關，如今想要把公司打理成一般人眼中的「好公司」，自然不成問題。

就算過程並不容易，至少我能做得開心。這是很有建設性的事，只要有心，一定能達成。

改頭換面的千日計畫

決定口號之後，我再配合口號內容擬定中期計畫。

我將計畫書的標題取為「株式會社　湯佐和　改頭換面的千日計畫～我的命運與人生將因此改變～」。裡面記載了當時考慮採行的兩個選項及決策過程。

我的個性很小心謹慎，一定要經過徹底分析後才能下決定。

第一個選項是「維持現狀，確保利潤」。和過去一樣以還清債務為優先，如果以一年一億五千萬的速度償還，預計二〇一三年時債款餘額為九億。而我最大的心願就是「儘快償清，落得輕鬆」。

另一個選項是「著手改變，暫時無法穩定獲利」。一年投注五千萬資金在更新設備及培訓人才，為避免再次發生重大問題而著手改變。選擇這條路的話，還債的速度會變緩，預計二〇一三年時債款餘額為十一億五千萬。

那麼，到底該怎麼辦？苦思良久，我列出了以下數點。

- 若是繼續維持目前的體制，員工與我都不會幸福。
- 遲早都要改變，否則會愈來愈窮。
- 應該趁有體力的時候動手術。
- 認命做這份工作，並藉這份工作達成自己的理想。

基於上述理由，我決定選擇第二個方案，將經營方向改換為以人為本。

還是沒辦法改變

如果我能在這個階段改變自己，當然最理想；但是說老實話，我依然沒變。說來慚愧，我還是沒辦法改變。

員工的薪水依舊不高，一星期只休一天，因為人手不足的關係，一年也只有兩次連假。在這種工作條件下，想必他們的生活品質也不會太好，我很想為他們做點事，卻難以下定決心著手改變。我始終克服不了這種想法：「再撐一下、再撐一下就好，這一年先以賺錢為主、以還債為優先。」

手頭上的資金已經比較寬裕了，順利改變的話，也能想休假就休，更重要的是自己會輕鬆許多。可是，我辦不到，我始終擺脫不了資金週轉的惡夢。資金短缺的接連打擊，已成了我的夢魘。

最扼腕的例子就是無法製造機會讓所有員工齊聚一堂。如果想要打造一間上下一心的好公司，自然要聚集所有人員召開專案會議。然而，我忍不住心想，如果因此不得不關店休息而少賺幾天錢，營業額因而減少，導致資金再度短缺，該怎麼辦？

我心裡非常徬徨，無法決心採用可能會造成營業額及利潤負成長的方案。

還有一點。這幾年來，我為了還債而把目標訂為「經常利潤一億五千萬」，為此拚死拚活地工作。每年達成目標已成了支撐我走下去的動力，根本無法想像負成長會是如何。

這時候的債款餘額約十五億，情況已沒有當初那麼窘迫，可是我非常希望早日解脫，最後還是回到了以還債為優先的老路子。

我辜負了自己對員工的保證：「我會在兩年內改善公司，讓大家有更好的工作環境。」有志者事竟成，我卻連試都不敢試，實在差勁。連我都對自己失望透頂。

自私的經營者

公私不分的經營者常會引發問題。有的人會用公司的資金買好車、把錢花在上酒店找小姐陪酒而沾沾自喜。

我對這種想法不以為然，認為自己跟他們不一樣。我可以領薪水，但是我不拿，還為了公司犧牲自己所有時間。我沒有向人吹噓，但自認為是個不錯的經營者。

可是，我仍然與自私的經營者沒兩樣。

想要還債、想要解脫、不希望利潤下滑、想要達成自己的目標等念頭在心頭縈繞不去。我明明心裡這麼想，嘴上卻說著漂亮話，或許更惡劣的是我。

因為以還債為優先，債款因此快速減少，只剩下十億了。

然而，我的心情很複雜。

以前只擔心債務還不完，當債款在不知不覺間愈來愈少，我開始想，照這樣下去會怎麼樣？還清債務後，未來的人生要怎麼過？

自己到底是為了什麼做這些事情？

永遠忘不了資深員工說的一句話

有一天，我繼承公司之後所聘用的員工H提出了辭呈。

他是十多年來為公司重振旗鼓貢獻良多的員工，我們一起走過最艱困的時期，在幾乎沒什麼休假的情況下，依然願意為公司打拚。

他對我說了這番話。

「我很慶幸能在這家公司工作，這段期間過得非常充實。我很感謝公司與社長，更感激顧客的支持。可是，我已經四十歲了，未來十年若是再做同樣的工作，未免太辛苦。所以我想辭職。」

我不死心地試著說服他。

「怎麼可能都做一樣的事呢？就像我常說的，我以後會改變這家公司，也會改善大家的工作環境。我們這麼辛苦熬過來了，你卻選在公司情況好轉的時候離開，不覺得很可惜嗎？請你相信未來一定會更美好，再跟我們一起努力吧。」

我苦苦挽留了超過三個月，但他辭意甚堅。最後，我們兩個去喝酒，他所說的話令我永生難忘。

「我覺得社長絕對不會變，所以未來也會像現在一樣。」

當我死纏爛打地追問：「真的沒有轉圜的餘地嗎？依然不回心轉意嗎？」他接著說：

「不，社長，請在我還感謝你的時候讓我辭職。社長絕對不會改變。我們每個人都這麼想。」

他說完便離開了。我知道他語帶保留，如果繼續待在公司，他就會恨我。好沉重。我挨了一記無比沉重的痛擊。

加入中小企業家同友會

「社長就是兇手。」

某間管理顧問公司喊出了這樣的文宣。我確實是兇手，是我阻礙了湯佐和的成長。經營者不先改變自己，公司也沒辦法改變。然而，身邊沒有導師指引，我一個人真的沒有信心能改變公司。

於是，我加入了中小企業家同友會。

這是由全國約四萬三千家公司所組成的經營團體，神奈川縣內的會員約七百名。此團體標榜「以人為本的經營管理」，讓經營者聚在一起學習，以成為優良的經營者為目標，進而創造美好社會與優質經營環境。

在此之前，我覺得這個團體揭櫫的理念是虛有其表，因此刻意與他們保持距離。我當時認為，如果開始考慮員工的幸福、經營理念或貢獻社會，根本沒辦法償清債務。

我以前常和管理顧問吵架。不喜歡他們一再對我強調理念的重要，更討厭他們對我說著我辦不到的事。我也曾拒他們於千里之外，毫不客氣地說：「我不想騙人，我們公司也不需要什麼理念。你們那麼厲害，那就做給我看啊。」真是丟臉至極。

可是，這一次不是有人邀請我入會，而是自己主動聯繫，參加了中小企業家同友會。既然決心改變，就得廣結善緣。正所謂「近朱者赤」。

與會員的互動對我而言是全新的體驗。

「你經營的目的是什麼？」

有位社長問我這個問題，我一時回答不出來。

「我想要償清所有債款。」

「也就是說，你們公司的員工是為了幫你還債而工作的？」

我半晌說不出話來。

「你到底是為了什麼而工作？」

當他這麼問我，仔細想想，自己從來沒有認真思考過，到底是為了什麼而工作。我甚至沒有想過，公司存在的理由是什麼。我只是有一天，突然莫名其妙被捲進這家公司，心不甘情不願地繼承下來，從此為了還債一路奔波至此。

然而，每次聽到人家這麼問，我總是一肚子火。實在很想反問對方：「你的公司賺了多少錢？有欠了一屁股鉅債嗎？」

那位社長猜到我的心意，接著說：

「湯澤先生也許可以和每個人據理力爭。但是你……你沒辦法說服你自己。」

真是口齒犀利的人。他的態度雖然令人光火，可是說得一點都不錯，簡直一針見血。我過去汲汲營營於「該如何經營」，不顧一切提高利潤。但我從來沒有好好想過「到底為了什麼而經營」。

從此以後，我不時思考：「到底為了什麼而經營？」同時對員工深感抱歉。因為我把他們當成還債的工具，當然會引起他們的反彈

我的人生目的就是將經常利潤不斷提高到每年一億五千萬嗎？未免太可笑了吧？

由於心中仍甩不掉無謂的自尊心，使我拉不下臉否定過去的所作所為，但我試著將所有成見歸零，客觀地想一想。

在沒有負債、沒有條件限制、不必懷著任何義務感的情況下，自己到底為了什麼而經營？我第一次認真思考這個問題，得出來的答案是：「想和大家一起成長並獲得幸福。」另一個答案是：「希望成為地方上不可或缺的存在。」

經過一番波折，終於確立了目前的經營理念。

株式會社　湯佐和的經營理念：

「活得精采，回饋地方，擴展幸福能量。」

所謂活得精采

所謂「活得精采」，指的是滿足工作夥伴在物質層面與精神層面的需求，進而獲得幸福。當務之急自然是改善薪資與勞動條件。為了實現這項目標，必須不斷努力提升生產效率。然而，光是物質上的富裕並不足夠，精神層面也必須獲得滿足，才能享有真正的幸福。

至於精神層面的滿足，我認為可以從工作中獲得成長，並且為社會盡一份心力，藉此獲得成就感。關於這一點，中小企業自有其優勢。

相較於大企業，中小企業裡每一個人的角色十分吃重。不少公司若是少了一個人，便無法順利運作。由於每一個人在公司裡都是不可或缺的存在，如果公司能為地方貢獻心力，在此工作的員工也容易有成就感。正因為規模小，才有可能讓每一位員工帶著自豪與尊嚴投入工作。

就職業而言，說自己在居酒屋工作，總覺有點低人一等。過去常常有員工說：「我躲在居酒屋當店長啦。」、「我只是居酒屋的小店長。」與製造業等行業相比，這一行有時會被認為是無足輕重、可有可無的業種。

可是，我完全不這麼想。事實上，這是一份讓顧客心滿意足的重要工作。

大家下班後，會來居酒屋聚餐發牢騷。「那個部長的做法，簡直不可理喻！」、「那本來就是研發部門該做的事吧！」諸如此類。不管過了多少年，同樣有一群人聊著似曾相識的話題。大家來這裡吃飯、喝酒、聊天，為明天養精蓄銳。我們便是提供場所，幫助人們釋放壓力。

有人說：「因為有居酒屋，我才能工作了幾十年。」這未必是誇大其詞。對他們而言，我們絕對是不可或缺的存在。我也希望旗下員工能努力為顧客提供舒適的環境，在工作中成長並找到自己引以為傲的價值。

讓員工在工作中自然成長，同時具備受社會肯定的成就感。

一起學習，共同成長，構築有尊嚴的富裕人生。我深信這就是活得精采的真諦。

中小企業並不是「成不了大企業的公司」

「回饋地方」，是我在思考中小企業的理想形象時所得出的答案。

中小企業並不是「成不了大企業的公司」，也不是「躍升為大企業之前的弱小公司」。我認為中小企業的功能是照亮社會的角落。

換個說法，也就是「專精特定領域」。懂得專精小眾市場中的特定領域，才是最強大的企業。大企業想要搶食小眾市場時，通常會在各地區成立子公司或事業部，但是用心程度比不上中小企業在當地投注一切心力的深耕經營。我試著從中找出中小企業經營者所扮演的角色。

從經營居酒屋的角度來看，經營者必須採取下列措施。

- 徹底深耕大型連鎖店不感興趣的地區。
- 採取大型連鎖店無法仿效的隨機應變採購方式。
- 與大型連鎖店區隔，在各家店鋪安排具備技術能力的員工。

如果確實達成上述目標，便能創造出充滿歡笑的用餐環境，且為地方帶來喜悅與活力。

我們雖然只有十幾家店鋪，但是每一家都有技術精湛的廚師駐店。也因此能大膽挑戰，根據採購情況與季節變化推出最適合的餐點，為顧客提供更優質的產品。規模多達數百間店鋪的大型連鎖店很難做到這一點。就我的經驗來看，光是維持並管理人數龐大的專業烹調人員，便是一項艱難的任務。此外，我們的公司規模讓我可以關心到每一位員工，這一點也比大型連鎖店有利。

至於採購方面，地區集中型的小規模企業極占優勢。

神奈川縣的漁港中，湯佐和即擁有首屈一指的三崎港與長井港魚市的競標權。所謂競標權，簡單來說，便是直接在產地的魚市參與競標拍賣的權利。

一般來說，鮮魚是依循下列路徑送抵店家。漁夫送至產地市場→中央市場→批發商→魚鋪→餐飲店。擁有競標權的好處，就是能夠省略中間的流通環節，直接在產地市場採買。湯佐和便是可以直接在三崎和長井的魚市參與競標，購買漁獲，因此可用更便宜的價格提供顧客新鮮的漁獲。

直接從漁港採購，就可省去不少中間費用，漁貨大多能以更實惠的價格買到。有些漁獲種類的採購價格，甚至便宜得驚人。不過，因為魚的大小及種類不一，這增加了烹調上的難度；但是湯佐和可由各家店鋪常駐的廚師自行決定最適合的商品。

比起價格，我們更著重鮮度。若是按照一般的流通路徑，至少要花三、四天時間才能將漁獲從漁夫手上送至餐飲店。我們不一樣，當天早上剛捕撈上來的漁獲，當天晚上或隔天就能送到店裡供顧客享用。因為湯佐和的店鋪集中在神奈川縣東部，自家物流可在一天之內配送到各家店鋪。

這也是大型連鎖店難以做到的一點。規模龐大的大型連鎖店，旗下動輒數百家分店，只能透過築地這類中央市場為所有店鋪供應鮮魚。因為對大型連鎖店而言，地方漁港市場的漁獲量不一，如果要在當天配送至所有店鋪，所需成本十分可觀。再加上也很難在每一家店鋪安排專業烹調人員，視當天漁獲情況隨機應變更換菜色。

在這項機制中扮演關鍵角色的競標權，我們可是費了一番功夫才取得。漁港的人們起初根本不理不睬，我們前後花了兩年時間才拿到競標權。當初直接聯繫漁業工會的人士時，他說：

「好，我明白，我明白。請你過來一趟，我們談談吧。六點（在三崎漁港）見。」

那時候還以為對方在整我。

他們當然沒有惡意，只不過趁著漁船返港卸完貨的空檔，約我早上六點見面罷了。於是我四點半就起床，驅車準時在六點抵達三崎。當時心裡十分忐忑。

總之，我一個人前往漁港。準備用商場那一套與他們交涉競標權，結果行不通。

當我穿著西裝前往，他們立刻告訴我，去魚市要穿長靴，可是我的褲管沒有塞進長靴裡，又挨了一頓罵。我連西裝褲的褲管要塞進長靴裡的常識都不知道。

不僅如此，當我試著跟他們交涉，一樣踢到鐵板。

「請問批發到中央市場要多少錢？」

「假設說，如果我們只跟你買剩下的漁獲，不知意下如何？」

「這樣、那樣做的話，我們不就雙贏了嗎？」

傷透腦筋的我只得改變方式，討人情苦苦哀求：「拜託你賣給我們。」

就在此時，正好有個對漁港熟門熟路的員工加入我們公司，我立刻哭喪著臉說：「拜託你了。」他二話不說爽快答應，一出馬，隨即解決了問題。我花了一年時間，總算明白要用人情義理打動他們，而那位員工三兩下就談好了。在地方深耕的公司，也能讓當地出身的員工一展長才。

如今不僅漁港，我們也直接和菜農交涉採購蔬菜。我們不但能在店裡提供新鮮的本地蔬菜，農家也很樂意有個穩定供貨的對象。

因為我們的規模小，才有可能採用隨機應變的採購方式，以最實惠的價格將最新鮮的優良產品送至店鋪。各家店鋪的廚師也能根據食材變換菜色，為地方上的顧客提供物超所值的商品價值。

我相信透過專精特定領域，便能落實「回饋地方」的經營理念，照亮社會的角落。

以上構想是源自顧客的啟發。

當時決定收掉某家店，有位顧客寫了一封信給我。

「我們是靠年金過活的老夫妻，平常最期待的就是在發放年金當天去貴店用餐。我們沒辦法過得太奢侈，但是貴店的價格實惠，魚新鮮又好吃，所以我們很喜歡去光顧。可是聽說貴店要收掉，聽店員的說法，倒也不是因為虧損的關係。我們每次去都覺得生意很好，為什麼要收掉呢？請你再考慮一下，不要剝奪了老夫妻的一絲幸福。」

這家店鋪位在小車站前。這一站的上下車乘客頂多一萬人，大型連鎖店根本不會考慮來這裡設點。營運上確實沒有虧損，但是經營效率差，為了落實縮小均衡方案，我決定將它關閉。

看了這封信後，我不禁思考自己所扮演的角色與存在意義。因為是經過多番考量而決定關店，儘管深感抱歉，仍是無法收回成命。但是這封信讓我開始省思自家公司的職責，進而奠定了湯佐和的經營理念。

「二〇二〇年湯澤願景」

我決定向員工說明這份蘊含個人期許的「二〇二〇年湯澤願景」。

二〇一五年二月二十三日，我終於如願召集全部員工，舉辦經營計畫發表會。所有店鋪首次公休，本公司有史以來第一次讓全體六十七名正職員工齊聚一堂。大家肯定很驚訝，成天喊著「賺錢第一」、「利潤至上」的社長竟然讓所有店鋪休息，到底有什麼企圖？

我也聽到有人說：「連東日本大地震停電的時候，社長也沒讓店鋪休息，這次怎麼回事？」

大會一開始，我立刻向大家說起自己對經營理念的期許，不疾不徐地解釋如何活得精采與回饋地方。

由於不少員工不愛乖乖坐著聽講，現在突然對他們滔滔不絕大談經營理念，很有可能反應不夠熱烈而冷場。即使如此也無所謂，至少我能表明前進一步的決心。

我甚至異想天開，要是大家反應冷淡，乾脆送出豪華禮品或是玩賓果炒熱氣氛。

然而，每個人聽得十分認真，安靜得令我驚訝。所有人直盯著我，全神貫注聆聽我說的每一句話。看來不需要玩賓果了。我實在太後知後覺了，大家真正期盼的就是社長親口說出這些話吧。

發表會後半場的資深敬業表揚大會，也是第一次舉行；藉此表揚四位服務超過二十年的資深員工。在講台上接受表揚的幾位員工，眼裡泛著淚光。其中一位員工說：「我做夢也沒想到，自己會站在台上接受表揚。」看樣子真的很開心。

為什麼我不早一點這樣做呢？

看著每個人，我深信大家一定能讓公司變得更好。

將恐懼不安化為興奮期待

身為社長的我，也慢慢調整了掌舵方式。

過去受債務壓力所逼，我對員工採取微觀管理制（Micro-management），凡事干涉到底。

在當時走投無路、不容許一點失敗的情況下，我也不得不將這種做法視為理所當然。

結果養成了許多不懂自行思考的員工。不少幹部員工不會接納顧客或其他工作人員的意見，只按照我這個社長的指示行動。自從債務問題逐漸緩解，我也調整了自己的管理方式，盡量讓員工自行發揮。可是長年來的積習不是一朝一夕能改變。

不過，一次契機倒是引燃了他們心中的導火線。

當時新商品的研發作業遲遲不見進展，儘管嘴上責備員工，我還是鉅細靡遺地給予指示，但依舊不順利。著手研發的員工也因為達不到我的要求而滿是不情願。於是，我帶了幾位負責研發的員工，前往東京的熱門餐廳考察。

那幾位員工自從看了熱門海鮮居酒屋的出色商品，心中大為震撼，開始絞盡腦汁投入研發。看得出來，他們心裡的導火線已被點燃。理由是看見了理想中的商品具體呈現的模樣。

擠得水泄不通的顧客、美味又創新的商品……一旦親眼目睹、親身體會到心目中描繪的理想商品活生生地擺在眼前，自己也會迫不及待想要嘗試。

我也很驚訝。原來興奮期待的感覺，就是刺激進步的原動力。我終於明白，維持興奮期待的關鍵，便是以實體及圖像呈現出理想的目標。

因此，我不再一一干涉，而是鼓勵員工去熱門餐廳考察加深「印象」。這實際上是激發員工潛能的捷徑。以樂在其中的心情自行思考與行動，更能使潛力發揮到極致。懷著興奮期待描繪心目中的願景，便是使人向上的動力。

對於當時身負鉅債不得不懷著恐懼不安拚命工作的我來說，並不是很能了解這份感受。但到最後，當我試著和員工將這份興奮期待感投入工作中時，也慢慢改善了公司的氣氛。

在反覆修正錯誤期間考察熱門餐廳的成果，足足填滿了三十本大型筆記本。裡頭摻雜著經過店家許可所拍攝的菜單內容及店鋪照片，還有滿臉通紅的自己與員工的合照。乍看之下，就像下班後來一杯消除一天疲勞的上司與下屬。

十幾年前的我，根本沒想過會有這一天。

黑夜終究會迎來光明

二〇一五年五月，十六年前使我的人生跌落谷底的四十億日圓債款，只剩下一億五千萬日圓。經過變賣物產、存款相抵等資產處分後償還了十三億日圓，加上十六年來辛苦工作攢來的利潤償還了二十五億五千萬日圓，只差一步就能全部償清。

我這幾年終於能偷閒看書、看電影，不再害怕看天氣預報了。看著長年來不敢學才藝的妻子快樂出門的身影，不禁深深感慨：「啊，我們的生活終於恢復正常了。」

我與妻子最近總是說同樣的話：

「真不敢相信，我們到底是怎麼撐過來的啊？」

十六年來，不少曾經視為目標的公司或店家都倒了。實際請益過的公司，如今也不在了。然而，誰也沒想到，當初負債累累、問題叢生的湯佐和，竟然能苟延殘喘至今。

我忍不住想，自己算是幸運吧？好幾次都快撐不下去、只想舉白旗投降，但每次又能掙扎熬過。

多虧如此，讓我深信不管遇到任何情況，只要不放棄，總會有轉機。因為黑夜終究會迎來光明。

刻骨銘心的「感謝」

儘管問題依然接踵而至，但是我已學會在煩惱掙扎中慢慢前進。

過去不願繼承父親的公司、一心逃離餐飲業的我，最後心不甘情不願地接下公司擔任經營者，我在這段期間發現了一件重要的事。

「餐飲業真是一份了不起的工作。」

當初離開大企業，發覺自己只不過是一顆小齒輪時，真的備受打擊。大企業有大把人才可供替換，但是中小企業不可能這麼做。幹部員工走了一人，就會引起恐慌。更何況身為經營者，所有責任都得自己一肩扛下來。

換個角度來看，這絕對是最能獲得成就感的工作。

「如果時光倒流，你還會繼承令尊的公司嗎？」

常有人這樣問我，我的答案肯定是「ＹＥＳ」，前提是沒有負債。說實話，我已經受夠欠債了。不過，如果沒有負債，比起當一名在世界各地飛來飛去的光鮮上班族，我寧願選擇現在這份工作。

至於經營餐飲店，就算店鋪或所屬地區十分偏僻，由於是直接面對顧客的需求，可實際感受到自己的存在或多或少對社會有一點影響力。這並不是說待在大企業不會有這種感受，但對我而言，我沒有確實感受到「自己為社會貢獻了心力」。

我也對自己的員工提到這一點。「在大企業工作很好喔？完全沒這回事。大家不要妄自菲薄，你們可是地方上不可或缺的存在。」

不管怎麼說，自從經營居酒屋，最令我驚訝的是常常得到顧客的感謝。顧客特地來到店裡光顧，我們只是一如往常做著分內之事，顧客卻對我們說：「謝謝！」

店裡的顧客看起來都很開心。雖然還是有上班族照樣說上司壞話或抱怨工作，但店裡至少是宣洩壓力的場所，不是令人討厭的地方。

我由衷覺得，世界上再也找不到能夠親眼見證顧客的喜悅、並且直接獲得顧客感謝的工作了。

長期在餐飲業服務的人或許習以為常，但是對於主要從事銷售及內勤工作的我來說，這一切猶如前所未有的驚喜。過去擔任啤酒業務上門拜訪顧客，最基本的工作便是說服顧客購買自家公司的產品，吃閉門羹已是家常便飯。開口道謝的是我們賣方。當時的內勤業務，我大多負責關係企業的業務規畫以及和各部門交涉。因為以公司內部調整業務為主，幾乎不會接觸到顧客。

因此，對於顧客所說的每一句話，我純粹感到欣喜。

「很開心喔！」

「很好吃喔！」

「謝謝你！」

提到透過工作為社會盡一份心力，我們確實已做好萬全準備，但基本理念不外如此吧？我也不時對員工強調，這就是餐飲業的魅力所在。

我的辦公室位於四層樓建築的四樓，一樓至三樓是本公司的居酒屋。每逢週末，所有樓層共一百五十個座位全都客滿。當我在辦公室處理完公事，一下樓便能聽到各樓層傳來顧客的歡笑聲。我很喜歡聽熱鬧的歡聲笑語，這一刻讓我由衷慶幸持續經營居酒屋。

人為的力量可大幅改變結果，這一點既是餐飲業的特徵，也是一大優勢。

若是願意用心經營，店鋪會一下子蛻變為優良名店。店鋪的成長，正是店裡工作人員的成長。藉由工作人員的成長直接帶動業績，不僅是經營居酒屋的成就感，同時也是困難之處。

可以毫不客氣對員工發火

十六年前，我最煩惱的是資金週轉與管理問題員工。如今的課題則是改成如何打造一間好公司、並且讓全體員工獲得幸福。

還在拚命賺錢還債時，我對員工始終感到抱歉，竟然讓他們在這間爛公司底下工作；但現在的經營狀況，已能幫助他們圓夢了。

事實上，以目前的公司環境來說，只要他們開口：「我想自立門戶，開一間心目中的店。」我會毫不猶豫將店鋪廉讓出去。因為我想幫有抱負的人圓夢。

反過來說，現在公司裡如果發生了事情，我會嚴厲斥責他們。

以前因為怕員工離職，我根本不敢罵他們，但現在可以對他們有話直說，主要是經營上了軌道，再也不用對他們客氣了。因此，我會比以往更嚴厲斥責他們：「想做大事的人，為什麼還這麼不長進！」

無法放手讓員工自理，也是我需要反省的事項之一。當年沒有建立組織架構，而是採用以自己為主的一對一管理模式，如今彷彿自食惡果。再這樣下去，永遠無法培育人才。

基於這種想法，我在幾年前開始派遣年輕員工替我參加外部研修活動。前幾天，有位員工參加了某個聚會，看到現場許多年輕的居酒屋經營者，回來之後立即燃起滿腔鬥志：

「我不想輸給他們。」

「明明都是同一輩的人，自己和已是經營者的他們實在天差地遠。甚至有人嗆我：『你說了那麼多，結果還不是吃人家的頭路？』聽了真不甘心。我絕對不要輸給他們。」

看著員工發下豪語，我也十分激動。過去都是由我參加研修，回來再將研修內容間接傳達給員工。但是我改變做法，直接讓員工去研修現場體驗，實際感受自己在業界的地位與能力，更能激發無限鬥志。這一次再度證明了自己的決定是正確的。

從今以後，我最大的課題便是盡量放手讓他們發揮。一旦達成這項目標，便完成了我的任務，也圓了我的夢想。

如今公司依然面臨層出不窮的問題，還無法自信滿滿地宣稱自己經營了一間好公司。有時也會擔心，到底能不能達成這項目標。不過，我相信自己總有一天會實現。因為永不放棄才能走出康莊大道，黑夜終究會迎來光明。

結語

繼續當一名中小企業經營者

那一天，我因為幾件事情無法解決，一大早就煩躁不已。結果又碰上員工臨時請假，設備也出了狀況，真是屋漏偏逢連夜雨。

當我半責罵半交代地說完電話，頸背突然一陣劇痛，一時動彈不得。我只好在當天前往復健科就診。

來醫院看診的人非常多，看到擁擠的人群更令我厭煩，一發現有空位便臭著臉坐下來。看樣子要等一段時間才會輪到我。

就在此時，我發現不遠處有位坐輪椅的老婦人一直往這裡瞧。她頻頻望著我向隨行的人說話，而對方似乎在勸她不要這樣做。感覺像是她想來找我說話，但是遭到勸阻。

「怎麼回事啊？」儘管心裡納悶，由於身體疼痛不已，我也懶得再理會她。

結果老婦人仍是不聽勸，坐著輪椅來到我身旁。開口便說：

「你是社長，沒錯吧？」

事出突然，我驚訝地端詳她的臉，想起她就是以前在我們公司工作的兼職員工K女士。

「是之前在H店的、K女士嗎……？」

「對呀！我是K。真高興社長還記得我啊！我就是在H店負責早上清掃和午餐備料的K！」

K女士滿臉笑容地說著。我其實很不好意思，因為自己對於各家店鋪負責清掃及午餐部分的兼職員工，常常長相和名字對不起來。但是K女士早在我繼承公司之前就在湯佐和服務，我們第一次見面時，她已年逾七十，所以對她印象十分深刻。

她在幾年前退休，如今再次相遇，應該已經超過八十歲了吧。她目前住在安養中心，今天是由職員陪同來治療。

K女士彷彿打開了話匣子，開始說個不停。

「〇〇廚師，現在在哪工作呢？〇〇店長在做什麼呢？」

「那家店曾經有這回事、還有那回事。那位常客不知道怎麼樣了？」

她說得非常起勁，由於音量不小，又聊得十分開心，周遭的病患全都在看我們。不過，我一點也不在意。離去之前，K女士對我說：

「當時真的很開心哪。社長，謝謝你還記得我。」

她在醫院門口停下了輪椅，再次回頭向我致意，這才依依不捨地回去。我的煩躁與疼痛，早已拋在腦後。

「雖然真的、真的、吃了不少苦頭，但是當一名中小企業的社長，其實也不賴啊。」

我目送著她離去，不禁浮現了這種念頭。

後記

我的左腕戴了一支不太相稱的華麗手錶。

是純金的勞力士。

老實說，這不是我的品味，也不是身負鉅債的人應該配戴的手錶。每次發現有人注意到它，驚訝地說：「喔，勞力士欸！」都讓我很不好意思。可是，我沒想過把它取下來。

那是父親的遺物。他過世時，手腕上依然戴著這支錶。

我雖然埋怨父親驟逝害我不得不繼承家業，也抱怨過身邊沒有導師為我指路，讓我不知該如何是好。不過，父親依然是我心中的支柱。儘管這支錶跟我不搭，走投無路之際摸摸手錶，我便有勇氣面對一切。

三十六歲的某一天，我驚恐地發現自己繼承了四十億日圓債務，覺得人生就此無望。每天疲於奔命處理層出不窮的問題，深感這輩子再也笑不出來了。甚至不敢奢望有一天能還清四十億日圓債款。

即使樂觀地想像有一天或許會償清，但是妄想不可能的事情更令人痛苦，所以連想都不敢想。這個數字對於當時的我和公司來說，實在太過沉重。

然而，十六年過去，債款幾乎償還得差不多了。簡直不敢相信會有這一天。

原先認為不可能撼動的巨石，只要盡己所能一點一點慢慢挖，終有一天會挖得一乾二淨。這些年來每天從爛泥般的谷底一步一步往上爬，過程自然苦不堪言。當時如果繼續在大企業上班，不可能有這般體會吧。

嘗過辛酸坎坷，使我稍微能體會別人的痛楚。若不是欠了鉅債成了社會上的弱勢者，我不會有如此轉變吧。我有自知之明，當自己還是意氣風發的上班族時，確實有傲慢自負的一面。我肆無忌憚地大放厥詞，認為自己無所不能；至於能力不足的人，是因為不長進、自己要負起一切責任。

然而，自從突然身負四十億日圓鉅債，我徹底明白世界上有太多無可奈何。於是，我學會向人低頭、請求幫助、並與員工同心協力。我完成了一個人無法做到的事，也了解一個人什麼都做不到。我開始懂得心存感謝。

曾經對父親滿是怨恨的心也逐漸釋壞，懊悔地責怪自己為什麼不早點回到公司、和父親一起度過難關？父親一個人想必撐得很辛苦吧？我現在十分感謝父親，讓我有機會體驗意想不到的人生。

十六年來艱苦經營這間風雨飄搖的公司，或多或少讓我有一點成長。最近開始覺得，過去經歷的一切全是有意義的。

目前的經營狀況依然問題叢生，不管是身為經營者或待人處世，我都還未臻成熟。我也不清楚未來還會遭遇多少磨難。

即便如此，我深信不論遇到任何事情，終究「船到橋頭自然直」。

我有信念，秉持「Never never give up.」的精神，堅持到底努力不懈，必定能走出康莊大道。不要受外界情況所影響，自己可以選擇如何面對各種狀況。

積極看待人生，自能開創未來。

「黑夜終究會迎來光明。」

光憑這一則信念，便足以支撐我走下去吧。

這一則信念，是我在困境中獲得的寶物。

如果你覺得自己還無法從谷底翻身，或者遭遇看似無力回天的事物而驚慌失措，若是願意閱讀本書，我也不吝與你分享自己的寶物。

你願意再振作一次嗎？

「我撐不下去了，一切都結束了，還不如尋死算了。」

即便如此，請再振作一次吧。

我深信「黑夜終究會迎來光明」這句話的強大威力。

我也相信，只要你願意用自己的力量重新再振作，你一定能用自己的手緊握住非你莫屬的寶物。

如果你像我當年一樣無依無靠、不知該何去何從，但不甘心人生就此結束的話，我願將這本書獻給你。

如果你面對阻礙前路的巨石，認為自己不可能撼動它而裹足不前，我願將這本書獻給你。

不試圖振作，怎麼知道是不是真的做不到。

每次遇到困難，我總是和妻子開玩笑，勉強自己打起精神來：「要是連這一關也熬過，我以後一定會寫成書吧。」

如今寫完這本書，也有幸讓各位閱讀，我似乎可以放下過去那些苦日子，放眼未來了。我甚至心想，這本書若是能幫助其中一位讀者，我再也不會後悔十六年前接下這間公司。

謹此感謝有機會讓我出版本書的正向心理學學校（The School of Positive Psychology）代表久世浩司先生。同時感謝負責編輯的大村麻里小姐與協助撰稿的津田秀晴先生。

書寫至此，我想最後感謝如同戰友陪我走過艱辛歲月的妻子，以及隨時給我勇氣的兩個兒子。

由衷感謝各位閱讀到最後。

株式會社　湯佐和

湯澤　剛